MIX
Papier aus verantwortungsvollen Quellen
Paper from responsible sources
FSC® C105338

Michael Cyris

Zwischen Sinnfreiheit und musikalischem Konstrukt

Heinz Strunks Kurzhörspiele als würdiges Erbe der legendären Miniaturdramen Helge Schneiders?

Eine musikwissenschaftliche Untersuchung

Diplomica Verlag GmbH

Cyris, Michael: Zwischen Sinnfreiheit und musikalischem Konstrukt: Heinz Strunks Kurzhörspiele als würdiges Erbe der legendären Miniaturdramen Helge Schneiders? Eine musikwissenschaftliche Untersuchung, Hamburg, Diplomica Verlag GmbH 2013

Buch-ISBN: 978-3-8428-8613-1
PDF-eBook-ISBN: 978-3-8428-3613-6
Druck/Herstellung: Diplomica® Verlag GmbH, Hamburg, 2013

Bibliografische Information der Deutschen Nationalbibliothek:
Die Deutsche Nationalbibliothek verzeichnet diese Publikation in der Deutschen Nationalbibliografie; detaillierte bibliografische Daten sind im Internet über http://dnb.d-nb.de abrufbar.

Das Werk einschließlich aller seiner Teile ist urheberrechtlich geschützt. Jede Verwertung außerhalb der Grenzen des Urheberrechtsgesetzes ist ohne Zustimmung des Verlages unzulässig und strafbar. Dies gilt insbesondere für Vervielfältigungen, Übersetzungen, Mikroverfilmungen und die Einspeicherung und Bearbeitung in elektronischen Systemen.

Die Wiedergabe von Gebrauchsnamen, Handelsnamen, Warenbezeichnungen usw. in diesem Werk berechtigt auch ohne besondere Kennzeichnung nicht zu der Annahme, dass solche Namen im Sinne der Warenzeichen- und Markenschutz-Gesetzgebung als frei zu betrachten wären und daher von jedermann benutzt werden dürften.

Die Informationen in diesem Werk wurden mit Sorgfalt erarbeitet. Dennoch können Fehler nicht vollständig ausgeschlossen werden und die Diplomica Verlag GmbH, die Autoren oder Übersetzer übernehmen keine juristische Verantwortung oder irgendeine Haftung für evtl. verbliebene fehlerhafte Angaben und deren Folgen.

Alle Rechte vorbehalten

© Diplomica Verlag GmbH
Hermannstal 119k, 22119 Hamburg
http://www.diplomica-verlag.de, Hamburg 2013
Printed in Germany

Theoretischer Teil

0. Zur Eingrenzung des Forschungsfeldes 6

1. Leben und Werk des Humoristen, Schauspielers, Autors und
   Musikers Heinz Strunk 9
   1.1 Bemerkungen zur Quellenlage 9
   1.2 Verarbeitung biographischer Themen im belletristischen Schaffen 10
       1.2.1 „Muckertum": Fleisch ist mein Gemüse (2004) 10
       1.2.2 „Comedy ist Dreck!": Die Zunge Europas (2008) 12
       1.2.3 „Pubertät und Ekel": Fleckenteufel (2009) 13
   1.3 Heinz Strunk als Autor humoristischer Kurzhörspiele 14
   1.4 Sonstiges 17

2. „Humor"-Theorie: Humoristische Spielarten im deutschen Kurzhörspiel ... 18
   2.1 Annäherung an den Begriff „Humor" 18
   2.2 Soziologische und medienwissenschaftliche Erklärungsmodelle 19
       2.2.1 Musik und Humor: Die Rahmentheorie von E. Goffman 19
       2.2.2 Deutscher Humor – Vorbilder Strunks 22
       2.2.3 Helga Kotthoff und der Humor in der Kommunikationstheorie .. 23
   2.3 Psychologische Ansätze 24
   2.3.1 Sigmund Freud und der Humor des Unbewussten 24
   2.3.2 Die Funktion des Humors im Behaviorismus nach Gordon Allport .. 26

3. Musik im deutschsprachigen Hörspiel –
   Typologien und begriffliche Differenzierung 27
   3.1. Annäherung an den Begriff „Hörspiel" 27
   3.2. Grundannahmen über die „Musik im Hörspiel" 30
       3.2.1 Musik im Hörspiel 31
       3.2.2 Hörspielmusik 31
           3.2.2.1 Vorläufer 32
           3.2.2.2 Anfänge 34

	3.2.2.3	Entwicklungen der Gegenwart	35
3.2.3		Musik als Hörspiel	37
3.2.4		Zusammenfassung funktionaler Aspekte	37
3.3.		Mediale Präsenz	39
3.4.		Instrumenteneinsatz und technische Möglichkeiten der Realisation	41

Praktischer Teil.

4.	**Analyse ausgewählter Kurzhörspiele**		**43**
4.1.	Vorbemerkungen zu Methode und Zielsetzung		43
4.2.	Kurzhörspiele ohne musikalische Thematik		45
	4.2.1 Zuspielmusik		45
		4.2.1.1 Die Alternative	45
		4.2.1.2 Essen und Erotik	47
	4.2.2 Songs		49
		4.2.2.1 AA-Fingers	49
		4.2.2.2 Schokospiele mit Ursula	52
4.3.	Kurzhörspiele mit musikalischer Thematik		54
	4.3.1 Zuspielmusik		54
		4.3.1.1 Sterbeseminar	54
		4.3.1.2 Technogirlie	57
		4.3.1.3 Das Move	58
	4.3.2 Songs		60
		4.3.2.1 Jochen-Schmidt-Song	60
		4.3.2.2 Alarmstufe-Rahmstufe-Song	62
4.4.	Sonderformen		65
	4.4.1 Begrüßung		65
	4.4.2 James Last		66
	4.4.3 Zeit		68

Schlussbetrachtung

5.	Ergebnisse der Einzelanalyse	71
6.	Zusammenfassung, Diskussion und Ausblick	73
7.	Literaturverzeichnis	76
8.	Medienverzeichnis	84
9.	Anhang	85

„[…] Was sich heute Musik nennt, verdient zu 99,99 % den Namen nicht. Zu den 0,01%, die übrig bleiben, gehört ein Mann, der als Komponist und Bandleader weltberühmt ist und sein Erfolg und Arbeit ohne Gegenbeispiel ist. [sic!] Dieser Mann, der sich da aufhält, wo die Luft ganz dünn ist, heißt: James Last."

(Heinz Strunk, Textauszug des Stücks „James Last" vom Album *Mutter ist ein Sexmaschien*, 2010)

0. Zur Eingrenzung des Forschungsfeldes

Ich befinde mich auf dem Schulterblatt in Hamburg. Genauer gesagt auf dem Paulsenplatz nahe der Sternschanze. Junge Mütter fahren mit Kindern auf dem Fahrrad in die umliegenden Parks oder holen ihre Sprösslinge vom Kindergarten ab. Nachdem ich mich durch abgestellte Drahtesel hindurch schlängele, klingle ich bei *Strunk/Halfpape* und betrete das wohl nicht so günstig zu bewohnende Mehrfamilienhaus. Im allerletzten Stock stehe ich vor einer geöffneten Tür und vernehme eine Stimme, die ein wichtiges Telefonat zu führen scheint. Der Mann an dem hiesigen Ende der Leitung tritt mir gegenüber und bittet mich herein. Bei den ersten Bemühungen mich aus Anstand meiner Schuhe zu entledigen erwidert der Entertainer: „Lass die Schuhe an, das ist albern!"

Er beendet also die Diskussion und bittet mich zur Führung des Interviews auf seiner Ledercouch platz zu nehmen. Leicht aufgeregt finde ich nach anfänglichem Zögern ins Gespräch und der lebende Gegenstand meines Forschungsprojektes steht bzw. sitzt mir Rede und Antwort.

Doch um wen handelt es sich hier? Es ist kein alt eingesessener Komponist klassischer oder zeitgenössischer Musik. Er ist kein popularmusikwissenschaftliches Phänomen, zu dem es zumindest ein paar Texte gibt. Nein, es ist der bisher von der Wissenschaft „verschonte" Musiker, Schauspieler und Humorist *Heinz Strunk*. Doch warum ausgerechnet *Heinz Strunk*?

Bei den Überlegungen für ein geeignetes Thema dieser wissenschaftlichen Studie stand für mich zunächst natürlich die Frage nach dem eigenen musikalischen Interesse im Vordergrund. Dabei habe ich mich bereits in einer früheren Untersuchung einem in der „klassischen" Musikwissenschaft wenig erforschten Phänomen, nämlich dem der kreativen Gruppenprozesse in der Popularmusik, gewidmet. In dieser Darlegung habe ich versucht eine Art Überblick über die bisherige Quellenlage zu geben um gleichsam eigene Rückschlüsse aus der Analyse der vorliegenden Literatur zu ziehen.

Bezüglich dieser Untersuchung möchte ich mich mit dem ebenfalls interessanten und in dieser Spezialisierung bisher leidlich unerforschten Thema „Kurzhörspiel als eine Kunstform des musikalischen Alltags" beschäftigen. Im Zentrum meines Interesses stehen hierbei eben jene Kurzhörspiele des bereits kurz vorgestellten Matthias Halfpape alias *Heinz Strunk*.

Damit ist auch schon eine notwendige thematische Eingrenzung getroffen: Ich werde ich mich in diesem Zusammenhang nicht mit dem speziell für den Rundfunk konzipierten Hörspiel und seinem standardisiertem Langformat (50 Minuten und mehr), sondern mit einer „Miniatur"-Variante in Form von humoristischen Alltagsdialogen und Sketchen mit einer Länge von nicht mehr als 4 Minuten auseinandersetzen. Durch die Wahl eines speziellen Künstlers ergibt sich ebenfalls automatisch eine Beschränkung auf das deutsche Kurzhörspiel und seine für den zu behandelnden Autor bedeutsamen Vorbilder. Chronologisch umfasst dies die Betrachtung des historischen Zusammenhangs von Hörspiel und Musik, also von der Programmmusik als Vorläufer der Hörspielmusik bis hin zu eigenständiger Hörspielmusik[1] in konzertanten Aufführungen der Gegenwart.

Das grundlegende Ziel der Studie ist es die funktionale Rolle der Musik in den Kurzhörspielen Heinz Strunks in Zusammenhang mit dessen Biographie, also seiner humoristischen und musikalischen Grundierung, zu untersuchen und in einen großen abschließenden analytischen Kontext der Elemente Musik und Humor einzubetten und nach Erklärungsmodellen aus anderen wissenschaftlichen Disziplinen zu suchen. Als Folge muss das relativ junge Genre der Kurzhörspiele eventuell neu hinterfragt und mit neuen Inhalten angereichert werden.

Zur Bewältigung dieser angestrebten Entwicklung werden im ersten Teil biographische Daten, sowie Werk und Schaffen des Künstlers Heinz Strunk näher beleuchtet. Im Anschluss hieran erfolgt dann eine begriffliche Annäherung an den Terminus „Hörspiel" und an die damit verbundene Fragestellung der dramaturgischen Funktion der in einem speziellen Stück erklingenden musikalischen Anteile. Außerdem sollen en passant die mediale Präsenz, die Möglichkeiten der technischen Realisation, der Instrumenteneinsatz, sowie die historische Genese und bereits erwähnte Differenzierung der Begriffe „Hörspielmusik", „Musik im Hörspiel" und „Musik als Hörspiel" zur Sprache kommen. Um die von *Heinz Strunk* aufgegriffene Traditionslinie nachvollziehen zu können soll es in exkursartigen Kapiteln zum Thema Humor ebenfalls um die Vorstellung einiger Autoren gehen, welche sich im gleichen Genre betätigen und damit eine Art Vorreiterrolle für das humoristische Kurzhörspiel und damit auch für *Strunk* selbst einnehmen.

In diesem Abschnitt soll es also genauer um Erklärungsansätze des Phänomens „Humor" aus den Blickwinkeln unterschiedlicher wissenschaftlicher Teildisziplinen, wie Soziologie, Psychologie und Medienwissenschaft, aber auch um die Vorstellung unterschiedlicher Spielarten von Humor gehen. Namhafte Forscher, wie der Soziologe Ervin Goffman oder der Psychologe Sigmund Freud beschäftigten sich mit dieser eben nicht nur sprachlich bedingten Erscheinung des Humors. Die Betrachtung dieser unterschiedlichen Ansätze ist nötig um den Witz bzw. die Komik der Kurzhörspiele Strunks eventuell einer Art Kategorie zuzuordnen und im Hinblick auf das Zusammenspiel mit der erklingenden Musik wissenschaftlich zu kontextualisieren. Außerdem lassen sich hiermit die eventuell durch Strunk selbst benannten Vorbilder ebenfalls einer Spielart zuordnen und als Einfluss im Werk des Künstlers wiedererkennen.

---

1 Eine genauere Differenzierung dieser Begrifflichkeiten soll im Verlaufe der Studie erfolgen.

All diese theoretischen Vorüberlegungen münden dann in den praktischen und gleichzeitig wichtigsten Teil der Studie, in welchem ausgewählte Stücke vorgestellt und mit Methoden der Musik- und Medienwissenschaft und unter Berücksichtigung der in den vorherigen Kapiteln getätigten theoretischen Überlegungen analysiert werden sollen.

In einem letzten abschließenden Teil sollen die gewonnen Ergebnisse der einzelnen Betrachtungen zusammengefasst und zur Diskussion gestellt werden. Besonderes Augenmerk liegt dabei auf der möglichen Beantwortung der bereits im Titel aufgeworfenen Frage nach der funktionalen Rolle scheinbar sinnfreier Musikkonzeption bzw. nach dem musikdramaturgischen Konstrukt im Hinblick auf die Anlage der Kurzhörspiele.

Da es sich bei dem für die Analyse ebenfalls signifikanten biographischen Abschnitt um eine Rekonstruktion eines Lebenslaufes aus eigenen Statements in Form von Interviews, biographischen Elementen in Romanen, Videointerviews, Radiobeiträgen und Angaben von Verlagen und Rundfunkanstalten handelt, liegt der Abhandlung ein umfangreicher Anhang, sowie ein Medienverzeichnis bei. Letzteres soll einen Einblick in die mediale Präsenz des Autors gestatten und die wissenschaftliche Relevanz des der Studie zu Grunde liegenden Themas nochmals unterstreichen.

1. Leben und Werk des Humoristen, Schauspielers, Autors und Musikers *Heinz Strunk*

1.1. Bemerkungen zur Quellenlage

Heinz Strunk ist keineswegs bekannt für seine Hörspielproduktionen. Vielmehr gilt sein Debütroman „Fleisch ist mein Gemüse" aus dem Jahr 2004 als seine bislang bekannteste und erfolgreichste Veröffentlichung. Erst im Zuge dieses für den Humoristen spät einsetzenden „Ruhms"[2], wird ein breiteres Publikum auch auf seine Aktivitäten als Musiker, Autor, Humorist und Schauspieler aufmerksam.

Dementsprechend dünn gestaltet sich auch die Quellenlage zu *Strunk* an sich und zu seinen Werken. Beispielsweise beschäftigt sich Anja Lindenlaub in ihrem Buch *Popliteratur mit autobiographischem Hintergrund: Ein Vergleich der Autoren Rocko Schamoni, Heinz Strunk und Jess Jochimsen* aus dem Jahr 2008 mit der auch für meine Darlegung wichtigen Frage nach dem autobiographischen Anteilen in *Strunks* belletristischem Schaffen. In diesem popliterarischen Diskurs der Postmoderne nimmt *Strunk* dank des angesprochenen Erfolgs also bereits eine gewisse Position ein. Eine weitere Studie über dieses eher literarisch geartete Segment trägt den Titel: *Souvlaki und Spiegelei. Anti-Kulinarik in Heinz Strunks „Fleisch ist mein Gemüse" (2004) oder: Der Genuss des Selbsthasses.*[3] Darin beschäftigt sich der Autor ausgiebig mit der literarischen Ausgestaltung des Romans und der damit einhergehenden Verbalisierung von Trivialität hinsichtlich der Nahrungsgewohnheiten des Protagonisten, aber nicht mit musikalischen Querverweisen oder der musikalischen Sozialisation *Strunks*.

Diesem Beispiel entsprechend fällt also die wissenschaftliche Literatur zum Musiker *Heinz Strunk* recht mager aus. Es finden sich keinerlei Einträge in *MGG* oder *New Grove*, sondern nur Äußerungen des Verlages und biographische Informationen auf Strunks Homepage.

Dass sich dennoch ein Bild des Lebens und Schaffens *Strunks* rekonstruieren lässt ist nicht nur dem bereits erwähnten Debüt, sondern auch dessen Nachfolgewerken *Die Zunge Europas* (2008), *Fleckenteufel* (2009) und *Heinz Strunk in Afrika* (2011) und der damit gestiegenen medialen Resonanz und Präsenz geschuldet. So ergibt sich aus den benannten medialen Splittern von Videos, Rezensionen und Interviews eine biographisches Puzzle, welches nun mit der Betrachtung der

---

2 Strunk ist zu diesem Zeitpunkt bereits 42 Jahre alt. (vgl. Angaben im Klappentext zu *Fleisch ist mein Gemüse*)

3 Brinkmann 2011, S. 235 – 239.

musikbezogenen Elemente in Strunks erstem Roman beginnend zu einem Gesamtbild zusammengesetzt werden soll.

1.2. Verarbeitung biographischer Themen im belletristischen Schaffen

1.2.1. „Muckertum": *Fleisch ist mein Gemüse* (2004)

Im Klappentext zu *Fleisch ist mein Gemüse – Eine Landjugend mit Musik* heißt es:

"Wie es ist, in Harburg aufzuwachsen, das weiß Heinz Strunk genau. Harburg, nicht Hamburg. Mitte der 80er ist Heinz volljährig und hat immer noch Akne, immer noch keinen Job, immer noch keinen Sex. Doch dann wird er Bläser bei Tiffanys, einer Showband, die auf den Schützenfesten zwischen Elbe und Lüneburger Heide bald zu den Größten gehört. Aber auch das Musikerleben hat seine Schattenseiten: traurige Gaststars, heillose Frauengeschichten, sehr fettes Essen und Hochzeitsgesellschaften, die immer nur eins hören wollen:»An der Nordseeküste« von Klaus und Klaus."[4]

In dieser aufschlussreichen, wenn auch knappen Darstellung offenbart sich das Grundgerüst der Konstruktion einer Biographie *Heinz Strunks*. Das Schicksal des Musikers, der mit bürgerlichem Namen Matthias Halfpape heißt und am 17. Mai 1962 in Hamburg-Harburg geboren wurde, ist schnell beschrieben: Ein Typ, der auf der „falschen Seite der Elbe" aufwächst und nach dem Abitur keine Orientierung ob seiner weiteren Zukunft hat. Zwar erlernt *Strunk* schon während der Schulzeit Holzblasinstrumente, wie Flöte und Saxophon, beginnt jedoch nie das angestrebte Musikstudium.[5] Musikalisch begabt, aber künstlerisch keineswegs originell greift er nach Vollendung des 20. Lebensjahres zum letzten Strohhalm: Er wird Bläser in der Tanzband *Tiffanys*. Durch diesen „Job" ist *Strunk* zumindest finanziell vorerst gut situiert.

Die Erfahrungen aus dieser 12 Jahre andauernden Zeit als „Mucker" verarbeitet *Strunk* schließlich in seinem bereits erwähnten Erstlingswerk *Fleisch ist mein Gemüse*. Wie die Kritik diesen

---

4 Strunk 2004, Klappentext.

5 Halfpape übte meist schon vor dem Unterricht 2 bis 3 Stunden Flöte und war mit Anfang 20 schon in der Lage ein Musikstudium aufzunehmen. Jedoch beherrschte Strunk das für die Bewältigung der Eignungsprüfung essentielle Klavierspiel nur rudimentär. Seine Mutter war Musiklehrerin und unterstützte die Vorhaben ihres Sohnes bis Strunk sich endgültig der Tanz- und Popmusik verschreibt. (Halfpape 2012)

literarischen Erguss auffasst soll beispielhaft an der folgenden Rezension von Andreas Hartmann in einem Artikel aus der FAZ vom 05.01.2005 gezeigt werden:

„Die historische Leistung von Heinz Strunk ist es, den wohl ersten Roman im Mucker-Milieu geschrieben zu haben. Der Mucker, muss man dazu wissen, ist eine Art Subspezies des Musikers. Seine Eigenart besteht darin, dass er auf seinem Instrument zwar alles kann, aber dennoch nicht musikalisch ist. Mucker spielen problemlos vom Blatt, aber eben ohne Herz und Seele. Der Ich-Erzähler in Heinz Strunks biografischem Roman ‚Fleisch ist mein Gemüse' ist ein waschechter Mucker. Er spielt Saxofon in einer von einem Typen mit dem Namen Gurki gegründeten Tanz- und Showband, den *Tiffanys*, und heizt bevorzugt auf Volksfesten im Norddeutschen der geschmacksresistenten Dorfjugend gehörig ein. Im Repertoire befinden sich Schlager, Oldies, ‚An der Nordseeküste' und Schlimmeres."[6]

Auch Strunk selbst gibt im Roman ganz offen zu:

"Mir ging es wie Tausenden von Hobbymusikern, Freizeitschriftstellern, Feierabendmalern und sonstigen Möchtegernkünstlern, die sich jeder Beurteilung entziehen, weil sonst womöglich das Kartenhaus des eingebildeten Talents in sich zusammenfallen würde. Als verkanntes Genie kann man es sich im Leben auch ganz komfortabel einrichten."[7]

Somit lässt sich die musikalische Grundausrichtung von *Heinz Strunk* also vorwiegend in der Schlager– und Volksmusik finden. Das Erweckungserlebnis für die Neigung zu Rock- und Popmusik findet er jedoch im Flötist und Sänger Ian Anderson der britischen Rockgruppe *Jethro Tull*.[8]

Überdies betätigt sich der Romanheld neben dem Engagement bei *Tiffanys* auch als Musiklehrer und gibt seine musiktheoretischen Kenntnisse in einer Musikschule weiter. Der Unterricht wird im Buch allerdings als sehr zäh beschrieben. Es wird deutlich, dass der Lehrer sehr wenig Lust auf diese Art des Nebenverdienstes hat.[9]

Vielmehr versucht sich *Heinzer* an nächtlicher „Frickelei" im heimischen Mini-Tonstudio. Im Buch wird deutlich, dass er schon gern sein Geld mit prototypischen Popkompositionen verdienen wollte.

---

6 Ebd.

7 Strunk, 2004: S. 117.

8 In einem Videobeitrag der Dokumentation „Durch die Nach mit..." des deutsch-französischen Fernsehsenders ARTE spricht Strunk im Gespräch mit HP Baxxter von der Techno-Gruppe „Scooter" über den Einfluss des Musikers auf seine musikalische Sozialisation. (Baumannn 2008.)

9 Ebd., S. 90 ff.

Dafür suchte er auch nach Sängerinnen für seine Playbacks, die immer irgendwie nach dem neuesten Hit von Madonna oder den „genialen modulierenden Lines" von *Depeche Mode* klangen.[10]

1.2.2. „Comedy ist Dreck!": *Die Zunge Europas* (2008)

„Alles mögliche kann einem im Leben passieren, und vor allem nichts."[11]

Nach der Veröffentlichung von *Fleisch ist mein Gemüse*[12] hört man lange nichts mehr von *Heinz Strunk*. Erst 4 Jahre später mit *Die Zunge Europas* reißt *Strunk* ein neues autobiographisch angehauchtes Thema an: Den Unterschied zwischen Comedy und Humor. Strunk rechnet im Buch selbst gnadenlos mit der deutschen Comedy-Szene ab und manifestiert gleichsam seine eigene humoristische Weltanschauung:

"Politisches Kabarett, Parodie, Humor, Komik, Witz, Ironie, Satire, Persiflage, Polemik, Kalauer, Pointe, Schote, Zote und was es sonst noch alles gab, wurde auf den kleinsten Nenner vom kleinsten gemeinsamen Nenner vom kleinsten gemeinsamen Nenner und davon nochmal den kleinsten gemeinsamen Nenner runter gedampft. Und der heißt Comedy. In industrieller Massenfertigung produzierter ‚Humor', rücksichtslos entkernt von Drama, Tragik, Weltanschauung, Überzeugung, Nuancen, Brüchen, Differenzen, also all dem, was Komik ausmacht."[13]

Strunk selbst hatte sich bis zum Zeitpunkt der Veröffentlichung von *Fleisch ist mein Gemüse* im humoristischen Genre erprobt, jedoch mit nur mäßigem oder gar geringem Erfolg. Seine humoristischen Kurzhörspiele, von denen er bis dato bereits vier CD's als Sammlungen produziert und veröffentlicht hat, sind zu diesem Zeitpunkt nur Kennern und treuen Anhängern bekannt. In *Die Zunge Europas* schildert Strunk sieben Tage im Leben des 34-Jährigen Gag-Autors Markus Erdmann, der Sketche für einen humorlosen Comedian schreibt und mit Janne, einer ehemaligen Klassenkameradin von ihm, vielleicht die Errettung aus seinem bisweilen tristen und langweiligen Leben findet.

---

10 Ebd., S. 117

11 Strunk 2008, S.65.

12 In der durch den deutsch-französischen Fernsehsender ARTE ausgestrahlten Sendung „Durch die Nacht mit..." äußert sich Strunk zu seiner Entwicklung zum Autor. Dabei sei sein Debüt eine „reine Arbeitsmaßnahme gewesen", da er nach der erfolglosen Veröffentlichung seiner Kurzhörspiele „original" nichts zu tun hatte". (Baumann 2008)

13 Strunk 2008, S. 84.

Im Gegensatz zum musikalischen Profil sieht sich *Strunk* in diesem Zusammenhang als Künstler mit Anspruch. Diese Forderung nach mehr Niveau bildet einen Gegenpol zu dem als eher gering einzustufenden Anspruch im musikalischen Bereich, bzw. zu der Einsicht, dass für künstlerische Eigenständigkeit in diesem Betätigungsfeld zu wenig Talent vorhanden ist.
Zurückzuführen ist dieser Stoff wohl auch auf die erste Begegnung Strunks mit dem von ihm selbst verhassten Comedian Mario Barth.[14]

1.2.3. „Pubertät und Ekel": *Fleckenteufel* (2009)

„Ich möchte bis ins hohe Alter meine gepflegte Rosette in Top-Zustand erhalten."[15]

Für seinen dritten Wurf lässt sich *Strunk* nun nicht mehr so viel Zeit, sondern schreibt *Fleckenteufel* bereits ein Jahr nach dem Erscheinen von *Die Zunge Europas* als Replik auf das von Charlotte Roche veröffentlichte „Schmuddelbuch" *Feuchtgebiete*.
Der Autor beschäftigt sich nun mit dem die Körperlichkeit betreffenden und selbst erfahrenen Lebensabschnitt der Pubertät.
Der 16-Jährige Protagonist und Ich-Erzähler Thorsten Bruhn verbringt die Ferien 1977 auf einer christlichen Jugendfreizeit in Scharbeutz an der Ostsee und ist geplagt von den typischen Sorgen eines pubertierenden Jugendlichen:

„Thorsten erlebt die Unsicherheit der Cliquenbildung, die Annäherung ans andere Geschlecht, die Macken der Erwachsenen. Er, der in seinen literarisch Interessen bisher zwischen Enid Blytons ‚Fünf Freunde'-Romanen und Landser-Heften schwankte, entdeckt Charles Bukowski, den sein Zeltnachbar Tiedemann in Gesamtausgabe bei sich führt. Die Jungs gehen schwimmen, oder in die Stadt, necken sich auf jugendlich-boshafte Weise, beobachten die anderen. So vergehen die Tage. Dann stirbt Elvis, und die Nachricht von seinem Tod erreicht mit einem Tag Verspätung auch Scharbeutz. Die Ferien enden in einem allgemeinen Anflug von Melancholie."[16]

---

14 Heinz Strunk äußert sich dazu in einem Interview mit dem Spiegel:
   http://www.spiegel.de/kultur/literatur/0,1518,585958,00.html (zuletzt aufgerufen am 20.06.2012)

15 Ebd., S. 33.

16 http://www.shakespeare-and-more.com/blog/2009/03/heinz-strunk-fleckenteufel.html (zuletzt aufgerufen am 20.06.2012)

Neben den leitmotivisch fungierenden Verdauungsproblemen[17] wird also auch die erste Erweckung hinsichtlich literarischer Interessen seitens des Ich-Erzählers, sowie die Problematik des Erwachsenwerdens thematisiert. Außerdem übt *Strunk* gleichsam auf ironische Art und Weise Kritik an der kirchlichen Praxis. So äußert sich *Strunk* zu den Morgenandachten von Pastoren und zieht diese ins Lächerliche.[18]

Anknüpfungspunkte zwischen den Themenfeldern des Humors und der Verarbeitung der Pubertät findet sich im Thema der Melancholie und der Musik. Dabei sucht *Strunk* Anflüge von Melancholie eben durch den Einsatz von Humor zu überwinden.[19] Hinsichtlich musikalischer Erweckungserlebnisse kann das gemeinsame Singen am Lagerfeuer angesehen werden. *Strunk* beschreibt dies im Buch als nahezu „magischen" Zustand.[20] Auch der gegen Ende des Buches mitgeteilte Tod von Elvis scheint dem Jugendlichen ernsthaft nahezugehen. All dies sind Indizien dafür, dass Musik und auch die Literatur eine bedeutende Rolle in *Strunks* bzw. Thorstens weiterem Leben spielen werden.

Hinsichtlich des Themas „Ekel" sind Bezüge bereits in *Fleisch ist mein Gemüse* feststellbar. Dort wird ebenfalls den Körperausdünstungen auf der Bühne freien Lauf gelassen und die körperlichen Defizite der einzelnen Musiker werden detailgetreu geschildert.

1.3. Heinz Strunk als Autor von Kurzhörspielen

Doch die Vorstellung der großen Themenkomplexe Musik, Ekel und Comedy bleibt nicht nur auf eine literarische Verarbeitung beschränkt: Diese biographischen Themen tauchen in *Strunks* Kurzhörspielen wieder auf und prägen dessen ganz spezifischen Humor aus. Bereits seit 1993 verfasst und veröffentlicht der Humorist Sammlungen von Kurzhörspielen als „Gag-Alben" und findet sich als Ansager auf einem Album der Musikgruppe *Die Ärzte* wieder.

---

17 Strunk 2009, S. 11.

18 Ebd., S. 107 f. u. 128.

19 Strunk verweist hierbei auf eine Äußerung seines Verlegers, der diesen Gedanken wohl in einem persönlichen Gespräch formulierte. (vgl. http://planet-interview.de/interview-heinz-strunk-17072009.html)

20 Die Pädagogen und Schüler spielen abends gemeinsam Lieder wie „We Shall Overcome" etc. (vgl. Strunk 2009, S. 11 ff.)

Grob inhaltlich zeigen diese Hörspiele alle Nuancen der musikalischen und humoristischen Ausrichtung *Strunks:* So werden schlagerhafte Miniaturen, Körperausdünstungen betreffende Situationen oder Arztbesuche vor– bzw. dargestellt und in heimischer Produktion realisiert.[21] Außerdem wirkt *Strunk* in der Komiker– und Musikertruppe *Studio Braun* mit, in welcher er mit seinen Humoristen-Kollegen *Rocko Schamoni* (eigentlich Tobias Albrecht) und *Jacques Palminger* (eigentlich Heiner Ebbers) Telefonstreiche bzw. Sketche konzipiert und durchführt.

Die ersten Veröffentlichungen der Kurzhörspiel-Sammlungen erfolgen im Eigenvertrieb, während *Trittschall im Kriechkeller* das erste kommerziell distribuierte Album des Künstlers darstellt. Ohne einem breiten Publikum zugänglich zu sein veröffentlichte *Strunk* bis 2005, also viele Jahre vor dem Erfolg von *Fleisch ist mein Gemüse,* bereits 4 Kurzhörspielalben: *Spaß mit Heinz* (1993), *Der Mettwurstpapst* (1994), *Der Schlagoberst kommt* (1999) und *Einz* (2003).

Seither lässt *Strunk* von dem Genre nicht ab und legt mit *Mit Hass gekocht* (2006), *Der Schorfopa* (2007) und *Mutter ist ein Sexmaschien* (2010) drei weitere Alben vor. Rezensenten stellen diese in einer Reihe mit den Kurzhörspielen Helge Schneiders:

„Ganz in der Tradition der frühen Helge Schneider-Hörspiele übernimmt Heinz Strunk sämtliche Rollen und hat zudem alle Geräusche und Sounds selbst produziert. 30 Sekunden bis 5 Minuten dauern seine schrägen Momentaufnahmen aus dem Alltag, die von der hysterischen Zugansage bis zum schmerzhaften Arztbesuch reichen."[22]

Auch Strunk selbst äußert sich zur Thematik des Kurzhörspiels, wenn auch auf ironische Weise:

„[...] Doch was sind Kurzhörspiele? Woher kommen sie, wohin gehen sie? Mit anderen Worten: Quo vadis Kurzhörspiele? Und: vermeintlich bescheuerte, dennoch berechtigte Frage: Warum kurz und nicht lang? Fehlt dir für die lange Strecke etwa der Atem? Sei ehrlich Heinzer, ich hör's doch japsen! Eben nicht! Die klassische lange Form, dass einstündige Hörspiel wird heute nur noch von öffentlich-rechtlichen Anstalten als Auftragsproduktion in Auftrag gegeben und gleicht von Konsistenz und Aroma einer überdimensionalen Mehlspeise, die Fäden zieht und im Bauch erst so richtig aufquellt und einem tagelang ans Bett fesselt. Mit anderen Worten: anachronistisch, langweilig, reaktionär!"[23]

---

21 Welchen Einfluss die technische Realisation der Kurzhörspiele auf die Gesamtwirkung der selben hat soll in den kommenden Kapiteln nachvollzogen werden.

22 http://www.add-on-music.de/html/heinz_strunk_mit_hass_gekocht.html

23 s.a.: http://213.240.158.36/files/Heinz_Strunk_ueber_die_strunksche_Form.mp3

In diesen wenigen, aber aussagekräftigen Sätzen gibt *Strunk* bereits einige künstlerische Anforderungen an sich selbst preis: Hierbei scheint der Grundtenor vor allem auf der Kürze und Prägnanz humoristischer bzw. dramatischer Handlungen zu liegen. Entgegen dem traditionellen Konzepten der anderthalbstündigen Oper oder des einstündigen Hörspiels liegt der Anspruch *Strunks* also in der Komprimierung der künstlerischen Aussage. Damit geht aber auch folgende Frage einher: Kann in einem Hörstück von einer bis zwei Minuten Länge so etwas wie eine Dramaturgie erkennbar sein? Reicht die Zeit aus um eine künstlerische und damit auch musikalische Intention zu erkennen? Hat man es also hierbei mit einer Kunst des Weglassens zu Gunsten der besseren Konsumierbarkeit kritischer Unterhaltung zu tun? Schließlich kann *Strunk* die eingangs gestellte Frage: „Was sind Kurzhörspiele?" mit diesen wenigen Sätzen nicht ausreichend beantworten.

Wie jedoch die skizzierte Konzeption im Zusammenhang mit der Verwendung von musikalischen Elementen umgesetzt wird und welche weiteren Themen in diesen Kurzhörspielen auf welche Art und Weise zur Sprache kommen, sollen die folgenden Kapitel zeigen.

1.4. Sonstiges

Nachdem nun zuletzt das für diese Studie wichtigste kreative Betätigungsfeld *Strunks*, nämlich das der Kurzhörspiele umrissen wurde, soll nun noch ein Seitenblick in weitere Projekte des vielseitig begabten Entertainers erfolgen. Wie vor allem noch im Analyse-Teil zu zeigen sein wird besitzt der Humorist und Musiker auch schauspielerisches Talent zur Formung spezifischer Charaktere: Diese Gabe nutzt er ebenfalls als Schauspieler bei der Verfilmung von *Fleisch ist mein Gemüse,* in welchem er als sprechendes Hirschgeweih durch den Film führt. Außerdem konzipiert er Theaterstücke zusammen mit seinen Kollegen von *Studio Braun*, geht auf Lesereisen und spricht seine Romane ebenfalls als Hörbücher ein. Dabei liest *Strunk* nicht nur eigene Werke, sondern geht ebenfalls mit der „Skandalautorin" Charlotte Roche, der Verfasserin des femininen Gegenstücks[24] zu *Fleckenteufel,* auf eine ganz besondere Lesereise. Die Autoren tragen Auszüge aus einer Dissertation mit dem Titel *Penisverletzungen bei der Masturbation mit Staubsaugern* vor. (Theimuras 1978)

Sein Engagement als Filmschauspieler setzt sich in der Folge im Film *Immer nie am Meer* aus dem Jahr 2007 fort. Dort spielt er an der Seite der österreichischen Kabarettisten Dirk Stermann und Christoph Grissemann den Komiker *Berni Schwanenmeister*. Dieser besitzt wiederum autobiographische Charakterzüge Strunks.[25] Überdies wirkt der Humorist in dem bereits 1999 erschienenen Kurzfilm *Derby* als Fußballfan mit, der an der Entführung eines Torwarts der gegnerischen Mannschaft beteiligt ist.

Gemutmaßt wird über die Verbreitung seines ersten Gag-Albums *Einz* aus dem Jahr 1993, welches durch einen Zufall in die Hände des Schlagzeugers Dirk Albrecht Felsenheimer von der deutschen Punkband *Die Ärzte* gelangt sein soll.[26]

Zur familiären Situation des Autors ist wenig bekannt oder gar belegt.

---

24 Gemeint ist ihr die Intimität der Frau betreffendes Buch „Feuchtgebiete" aus dem Jahr 2008.

25 Vgl.: Svoboda 2007.

26 Strunk ist auf dem Album *Die Bestie in Menschengestalt* im Stück *Gehirn-Stürm* als Ansager zu hören. (vgl.: http://www.intro.de/kuenstler/Heinz%20Strunk)

2. „Humor"-Theorie: Humoristische Spielarten im deutschen Kurzhörspiel

2.1. Allgemeine Definition des Begriffs „Humor"

Um nachvollziehen zu können in welcher Traditionslinie Strunks Humor steht und welche Erklärungsansätze aus wissenschaftlicher Sicht zu diesem Thema bestehen, lohnt sich ein ein Blick in die begriffliche Genese des Terminus an sich, sowie die Betrachtung kommunikationswissenschaftlicher, psychologischer und soziologischer Erklärungsmodelle. Dabei ist zunächst feststellbar, dass der Humor hinsichtlich seiner Bedeutungsgeschichte eine besondere Entwicklung durchlief: Gegenwärtig wird unter diesem Begriff alles „Heitere" und die damit eng in Verbindung stehende Grundhaltung zum Leben an sich geführt. Unabhängig von seiner Bedeutung als „Zustand einer allgemein fröhlichen Stimmung" liegt die ursprüngliche Bedeutung des Wortes in der lateinischen Wurzel des Wortes *umor*, was soviel wie Flüssigkeit oder Feuchtigkeit bedeutet. (Stromair 1594)

Ausgehend von dieser terminologischen Distinktion entspringt im Mittelalter die von Galen von Hippokrates begründete Theorie der vier Körpersäfte, welche die Temperamente des Menschen verkörpern. In Verbindung mit dieser Deutung des Begriffs wird selbiger fortan analog für die allgemeine Bezeichnung der Gemütslage oder Laune des Menschen verwendet. In den englischsprachigen Gebieten bildet sich parallel hierzu aus einem altfranzösischen Wort der Begriff *humour*, welcher erst im weiteren Verlauf des 17. Jahrhunderts eine bestimmte Form des menschlichen Wesens, nämlich wiederum den der Heiterkeit und der Belustigung, bezeichnet. Im weiteren Verlauf des 18. Jahrhunderts wird diese tradierte Wortschöpfung gleichermaßen im deutschsprachigen Raum gebräuchlich. (Freud 1927, S. 253 ff.)

Im Hinblick auf den hier zu untersuchenden Gegenstand haben sich im weiteren historischen Verlauf verschiedenste Spielarten des Humors, unter anderem die von *Strunk* verabscheute „Comedy-Szene", entwickelt. Formen wie Ironie, Spott, Komik, Persiflage und Sarkasmus bestimmen die formale Prägung nicht nur des deutschen Humors.

Vor der Feststellung dieser Formen im Oeuvre des Musikers soll jedoch eine Betrachtung des Zusammenhangs von Musik und Humor aus musikwissenschaftlicher Sicht erfolgen.

2.2. Soziologische und medienwissenschaftliche Erklärungsmodelle

2.2.1. Die Rahmentheorie von Ervin Goffman

Nach der vorgestellten grundlegenden Definition soll es nun um den Einblick in verschiedene wissenschaftliche Erklärungsmodelle zum Thema „Humor" gehen.
Um damit ebenfalls ein interdisziplinär weit gefächertes Spektrum abzudecken und die verschiedenen Spielarten des Humors, wie sie auch in den Kurzhörspielen von *Heinz Strunk* zu tage treten, erklärbar zu machen, müssen auch verschiedene Theorien zur Thematik vorgestellt werden.
So beschäftigt sich beispielsweise ein Vertreter des Soziologie mit dem Zusammenhang von Musik und Humor, einem Zusammenhang also, der für *Strunk* maßgeblich ist:
Der amerikanische Soziologe Ervin Goffman (*Frame Analysis: An Essay on the Organization Of Experience*) liefert mit seiner Rahmentheorie ein Modell zur Beschreibung des Zusammenhangs von Humor und Musik. Besonders deutlich und anschaulich beschreibt Oliver Seibt diesen in seinem Aufsatz *„Aus dem Rahmen gefallen" Ein Versuch mit Ervin Goffman zu erklären, wann es in der Musik witzig wird*. Darin bezieht sich der Autor auf seinen eigenen Vortrag, der im Rahmen des musikwissenschaftlichen Symposiums zum Thema *Scherz, Satire, Ironie und tiefere Bedeutung in der Musik* im Oktober 2005 zu Ehren des 60. Geburtstags von Wolfram Steinbek in Köln gehalten wurde. Der Vortrag an sich bildet dabei schon für sich einen Rahmen im Goffman´schen Sinne und ist durch viele Merkmale terminiert. Beispielsweise kann sein Vortrag durch einen „Zwischenfall", also störende Rufe oder umkippende Stühle, gestört und damit seiner eigentlichen Intention der Wissensvermittlung gestört werden. Die Grundlage der Möglichkeit dieser Störung liegt darin begründet, dass jeder Text, auch ein musikalischer Text, polysem ist. Er kann also mehrere Bedeutungen annehmen. Aus der kulturellen Praxis einer Nation oder wie auch immer gearteten sozialen Gruppe ergeben sich verschiedene Möglichkeiten der Interpretation. Es kommt zu einer sozialen Verhandlung der in Betracht zu ziehenden Interpretationsschemata. Mit Bezug auf das oben genannte Beispiel wirkt es beispielsweise unpassend, wenn innerhalb des Vortrags lautstarke Empörung geäußert wird. Schließlich stellt der Vortrag an sich einen konventionellen Rahmen dar, in welchem der Referierende aus Respekt nicht unterbrochen werden sollte und eventuelle Fragen erst im Anschluss an die Präsentation gestellt werden. An diesem Punkt fragen sich andere Zuhörer, der Vortragende und die sich beschwerende Person: Was geht hier vor? Die Rahmen in der Terminologie Goffmans fungieren dabei als Interpretationsschemata und machen Handlungen bestimmbar und soziale Interaktion möglich. (Hettlage 1999)

Dabei sind vielen Akteuren die Eigenschaften dieser Rahmen nicht bewusst, jedoch werden diese von eben jenen Handelnden unbewusst angewendet. Innerhalb dieses Denkmodells unterscheidet Goffman in natürliche und soziale Rahmen auf primärer Ebene: Dabei sind natürliche Rahmen solche, die nicht vom Menschen beeinflussbar oder vorhersagbar sind und damit auf natürlichem Wege entstehen. Hierzu gehören beispielsweise Naturereignisse, wie Gewitter oder Ähnliches.

Als sozialer Rahmen kann hingegen zum Beispiel ein wissenschaftlicher Vortrag, ein Konzert oder eine Vorlesung an der Universität angesehen werden. Dort ist die eingreifende Intelligenz des Menschen, dessen Absichten und seine Motive zur Aufrechterhaltung der sozialen Situation von entscheidender Bedeutung. Transformiert auf die Ebene der Musikwissenschaft könnte man die Frage stellen: Sind musikalische Gattungen ebenfalls solche soziale Rahmen? Gelten vermutlich sogar die gleichen Konventionen wie bei einem klassischen Konzert oder wird eine Art Verhaltenskodex erst im Nachhinein, also durch den entsprechenden Wissenschaftszweig über ein Phänomen bzw. eine soziale Erscheinung „gestülpt"?[27]

Innerhalb der derzeitigen Medienlandschaft bieten sich vielerlei Schauplätze und Möglichkeiten zur bewussten Täuschung beteiligter Akteure. Als Beispiele können Fernsehsendungen, wie *Verstehen Sie Spaß?* herangezogen werden, in welcher Prominente mit versteckter Kamera gefilmt und in peinliche Situationen gebracht werden: In diesem Fall handelt es sich um einen transformierten Rahmen. Goffman spricht dabei von Modulation (*keying*) und von Täuschung (*fabrications*)

Ist eine Tätigkeit im primären Rahmen sinnvoll und wird sie durch einen Transformationsprozess nachgebildet und in einen anderen Kontext gestellt, so wird der Vorgang von den Beteiligten ganz anders gesehen. In Anlehnung an die Termini der Musikwissenschaft existiert hierfür der Begriff der Modulation. Man kann in diesem Zusammenhang von einem „So-Tun-Als-Ob" auf Grundlage eines „dramatischen" Drehbuchs sprechen. Wenn dieser Prozess auch noch von Forschern durch teilnehmende Beobachtung untersucht wird, dann handelt es sich um komplexe Modulationsvorgänge bei denen mehrere sog. Transformationsschichten (*laminations*) entstehen. Ein Beispiel hierfür bietet wiederum die Sendung *Verstehen Sie Spaß*: Dort werden Medienwissenschaftlern oder Soziologen eingeschleust und absichtlich hinters Licht geführt um die Publikumsreaktion oder die Durchführung der Täuschung zu beobachten. Seibt führt in seinem Vortrag hingegen ein weiteres musikalisches Beispiel, nämlich das der Sopranistin Foster Jenkins, an: Er beschreibt eine Situation, in welcher Jenkins eine Arie aus Mozarts Zauberflöte singt. Die

---

27 Im Falle des klassischen Konzerts wird eine Rahmung schon innerhalb des Ablaufs erkennbar: Angefangen bei der Begrüßung des ersten Violinisten durch den Dirigenten, über die Einhaltung des Applausverbotes zwischen den einzelnen Sätzen, bis hin zum andachtsvollen Lauschen und der bewussten Auswahl der passenden Kleidung für diesen speziellen Anlass.

Sängerin rahmt ihren Vortrag dabei zwar als Liedvortrag, das Publikum dagegen empfindet ihn jedoch als Witz. Seibt selbst moduliert diesen Rahmen noch weiter in dem er dieses Ereignis zum Gegenstand eines wissenschaftlichen Vortrags macht.

Somit kristallisieren sich unterschiedliche, aber grundlegende Formen der Transformation von Rahmen heraus: Dazu gehören Täuschungen scherzhafter und schadhafter Natur, aber auch Selbsttäuschungen. Für Ersteres benennt Seibt das berühmte Beispiel des Komikers und Entertainers Hape Kerkeling: „Hurz!"

Dort verursacht der Entertainer durch unbeabsichtigtes kurzes Lachen fast ein Aushaken und lässt damit die Täuschung fast auffliegen. In ähnlicher Weise funktioniert der Rahmenbruch im als Hörspiel, wie auch als Kurzfilm funktionierenden Stück *Zeit* von *Heinz Strunk*.[28] Aus diesen Ausführungen geht hervor, dass die so betitelten Rahmen kulturspezifischer Natur sind. Aus künstlerischer Sicht vergleichbar sind diese Formen des Rahmenbruchs etwa mit dadaistischen Inszenierungen der 1920er-Jahren, in welchen er Rahmenbruch beispielsweise durch Unterbrechungen von Gottesdiensten herbeigeführt wurde.[29]

Hierdurch kommt es, ähnlich wie beim schwarzen Humor der Briten, zu einem absichtlich herbeigeführten Verstoß gegen die entsprechende Rahmung.

Wie sich hoffentlich zeigen wird, lässt sich die beschriebene Theorie der Rahmen auf manches humoristische Kurzhörspiel Strunks besonders gut anwenden.

---

[28] Mehr hierzu im Analyse-Teil.

[29] Dabei fiel der Dada-Künstler Johannes Baader dem Prediger in einem Vormittagsgottesdienst ins Wort und sagte Folgendes: „Einen Augenblick! Ich frage Sie, was ist Ihnen Jesus Christus? Er ist Ihnen Wurst!". Dabei brachte die Unterbrechung des entsprechenden Rahmens gleichzeitig eine Provokation mit, welche von den Künstlern des Dada intendiert war. (Baader u.a. 1971, S. 196 f.)

2.2.2. Deutscher Humor – Vorbilder Strunks

In Rezensionen zu seinen Kurzhörspiel-Alben wird *Strunk* gern als „würdiger Nachfolger" Karl Valentins gesehen und mit anderen Größen des deutschen Humors verglichen. Er selbst sieht sich eher in der Traditionslinie des weithin unbekannten Hamburger Humoristen Heino Jäger und sieht weitere Vorbildwirkung im Werk von Botho Strauß und in den Live-Konzepten Helge Schneiders. (Strunk 2012)

Wie der durch die Öffentlichkeit evozierte Vergleich mit Karl Valentin zustande kommt vermag ein Einblick in die Geschichte des deutschen Humors vor Augen zu führen.

Geprägt ist selbige in ihren Anfängen vor allem durch die Thematik der Kriege bzw. von deren satirischer Verarbeitung. Bezug nehmend auf den Genrevergleich zu Valentin kann festgestellt werden, dass dieser in der ersten Hälfte des 20 Jahrhunderts kurze einaktige Hörstücke verwendet um zunächst antimilitaristische Grundaussagen in persiflierende Situationen zu verpacken. Nach diesem Vorbild entstand u.a. Valentins Stück *Der Firmling* in dem es um die Verweigerung eines Soldaten gegenüber seines Kriegseinsatzes geht. (Raeithel 2005, S. 46)

Aber nicht nur die Auseinandersetzung mit militaristisch geprägten Ereignissen fungiert als Sujet der Kurzhörspiele Valentins, sondern auch der selbstironische Umgang mit der Vergangenheit Deutschlands als Land der Dichter und Denker bildet einen Aspekt der humoristischen Betrachtung aus: So setzt sich Valentin in einem Stück auf den von Heinrich Heine zitierten Loreley-Felsen und beklagt sich nach einiger Zeit über Rückenbeschwerden. (Ebd., S. 95)

Weiterhin findet sich auch die Präferenz *Strunks* für Arzt-Sketche auch bei Karl Valentin. Exemplarisch hierfür steht die Äußerung Valentins über einen Menschen, der von sich behauptet, er sei noch nie krank gewesen: „Sie, dös kann net gesund sei!" (Ebd., S. 117)

Mit dem Schriftsteller und Poeten Botho Strauß teilt *Strunk* wohl die Einstellung über den deutschen Mann[30] als Witze-Erzähler, der ohne den bereits erwähnten Kern aus Tragik, Brüchen etc. agiert und seinen Humor auf das Minimalste „herunter dampft". (Ebd., S. 15)

Außerdem verehrt Strunk die Frankfurter Schule um Gerhard Polt und findet Gefallen an den frühen Otto-Sketchen.

---

30 Dies versteht das Witzereißen als letzte Bastion der Männlichkeit. (vgl. Strauß 1982, S. 40 ff.)

2.2.3. Helga Kotthoff und der Humor in der Kommunikationstheorie

Da es sich bei den Kurzhörspielen *Strunks* hauptsächlich um Darstellungen alltäglicher Situationen in dialogischer Form handelt lohnt an dieser Stelle ein kleiner Einblick in Untersuchungen zu humoristischen Gesprächen innerhalb der Kommunikationsforschung. Die deutsche Forscherin Helga Kotthoff befasst sich in ihrem Aufsatz *Lachkulturen heute – Humor in Gesprächen* mit den Phänomenen des Scherzes und Humors in Alltagssituationen. Ein wichtiger Gedanke in den Darlegungen Kotthoffs ist eine Überlegung über Komik. So wird die übertriebene Imitation als klassisches Verfahren der Karikatur und Parodie angesehen. Genau dies geschieht eben auch in den Kurzhörspielen *Strunks*, in denen stereotype und klischeehafte Charaktere in einer Kneipe über alltägliche Themen sprechen und die Stimmen der Protagonisten mittels Pitching-Effekten[31] übertrieben schnoddrig dargestellt werden. Hinsichtlich der Intention wird hiermit sicherlich auch das inhaltslose Benutzen von Versatzstücken und Floskeln kritisiert.[32] In ähnlicher Weise produziert sich der bereits mehrmals zitierte Helge Schneider, welcher die Charaktere seiner Kurzhörspiele absichtlich aneinander vorbeireden lässt und damit ein Paradebeispiel für den konversationellen Humor liefert.

Gerade in diesen abendlichen Kneipensituationen wird dann auch von eigenen Problemen berichtet[33]. Allerdings kann an dieser Stelle trotz allem ebenfalls eine Form des Komischen zu Tage treten und zwar, in dem am Ende eines solchen Krisenberichtes ein Lachen ertönt. Mit diesem signalisiert der Berichtende dann, dass die Probleme doch nicht so arg sind. Hierdurch wird sowohl der Gegenüber, als auch die gesamte Situation aufgelockert. (Kotthoff 1998)

Dieses im Folgenden als „Scherzkommunikation" betitelte Phänomen wird durch folgende Faktoren beeinflusst: Durch das kommunikative Manöver an sich, durch das Thema des Scherzes, durch die Zielscheibe des humoristischen Angriffs, durch die Motive der Beteiligten, durch die Redeanteile der verschiedenen Gesprächspartner, sowie durch die Zusammensetzung der Gruppe. Als humoristisches Resultat ergeben sich dann unterschiedlichste Formen von Humorstrategien, wie Wortspiele, Anspielungen, Spott etc. (Kotthoff 1998, S. 6)

---

[31] Meint die Verschiebung der Tonhöhe von Sprache mittels entsprechender Software. (vgl. dazu: Görne 2006, S. 109 ff.)

[32] z.B.: „Na, wie geht's?" Antwort: „Ja, muss ja, ne!"

[33] z.B.: Ehestreit, zu hohe Steuren, Benzinpreise, Deutsche Bahn.

So definiert sich der Humor bei Kotthoff als „eine Kunstform des Alltags", der ein „optimales Mittel zur Bewältigung von Lebenskrisen" oder ganz allgemein zur Bewältigung melancholischer Lebensphasen sein kann.[34]

Im Unterschied zu „Comedians" setzt *Strunk* aber Humor, wie sich noch deutlich werden soll, auch zur Abgrenzung ein.

2.3. Psychologische Ansätze

2.3.1. Sigmund Freud und der Humor des Unbewussten

In seiner Schrift *Der Witz und seine Beziehung zum Unbewussten. Der Humor* bezieht sich Sigmund Freud aus psychoanalytischer Sicht auf das Phänomen des humoristischen Lustgewinns. Als zentrale These schält sich gleich zu Beginn des Kapitels *Der Humor* folgende Behauptung heraus: „Humoristischer Lustgewinn geht aus erspartem Gefühlsaufwand hervor."[35] Zunächst versucht Freud dieses Phänomen recht grundsätzlich zu erklären: In zwischenmenschlichen Situationen können sich verschiedene Personenkonstellationen ergeben, aus welchen sich dann wiederum ein angesprochener Lustgewinn entwickeln kann: Zum einen vermag eine Person in die Rolle des Humoristen zu schlüpfen und eine zweite Person die Rolle des Genießers einzunehmen. Letztere kann den Prozess als Zuschauer oder Nutznießer nachvollziehen. Zum anderen besteht die die Möglichkeit, dass eine Person das humoristische Objekt einer anderen Person wird, wobei die erstere Person gar keinen aktiven Anteil am humoristischen Lustgewinn hat. Ganz pragmatisch lässt sich das Beispiel des Comedians Ingo Appelt heranziehen, der politisch inkorrekte Witze[36] über den Politiker Wolfgang Schäuble macht und damit den berühmten Scherz auf Kosten anderer zur Blüte treibt.[37] Als weiteres anschauliches Beispiel schildert Freud das Schicksal eines zum Tode

---

34 s.a. http://www.spiegel.de/kultur/literatur/0,1518,585958,00.html.

35 Freud 1992, S. 253.

36 Diese Formulierung bleibt in diesem Zusammenhang natürlich ethisch diskutierbar. Im Fall von Ingo Appelt werden, wie durch Freud beschrieben, eben jene ethischen Gefühle der Achtung und des besonderen Umgangs vor und mit Rollstuhlfahren zu Gunsten des humoristischen Lustgewinns hinten angestellt.

37 Schäuble sitzt im Rollstuhl und Appelt macht hierüber Witze mit Doppeldeutigkeiten: „Schäuble ist nicht im Stande...."

Verurteilten, welcher an einem Montag erhängt werden soll. Dessen Ausspruch als Reaktion auf diesen traurigen Anlass lautet: „Diese Woche fängt ja gut an…" Dies ist nur ein Beispiel für eine Art von „Galgenhumor" um das eigene Leid zu überwinden. Schließlich erlebt der Verurteilte die Woche ja nicht mehr, da er gleich am Montag erhängt werden soll. Diese Beispiele zeigen ganz klar auf, dass der Gegenstand des Humors selbst gar nicht humoristisch sein muss oder gar soll. Es wäre in dieser Situation aus der Sicht des Verurteilten wahrscheinlich eher angebracht in Tränen auszubrechen oder um Vergebung zu flehen als über eine derart ernste Angelegenheit mit einem Witz bzw. einer humoristischen Äußerung hinwegzutäuschen. Freud nennt dies affekthaftes Reagieren und weist auf seine Herkunft bzw. auf dessen Vorkommen in der Psychopathologie hin. Wichtig scheint dabei auch die Tatsache, dass dieser humoristische Lustgewinn bei Ausbleiben einer typisch instinktiven Reaktion nicht aus einer intellektuellen Tätigkeit kommt, sondern vielmehr mit der freudschen Konfiguration aus *Ich* und *Über-Ich* erklärt werden kann: Das *Ich* lässt sich durch die bitteren Umstände der Realität nicht kränken, sondern zieht, zur Überwindung dieses Zustands, sogar noch einen Lustgewinn daraus.

Diesem Sachverhalt entsprechend kann auch ein Beispiel hinsichtlich der humoristischen Grundeinstellung *Strunks* gezogen werden: Dieser bezeichnet sich selbst als melancholischen Menschen und reagiert darauf jedoch nicht mit tiefgreifender Depression, sondern zieht aus dieser Thematik u. a. den künstlerischen Stoff für seine Kurzhörspiele.[38]

Damit entzieht sich der Humorist dem Zwang der Depression und befördert die das menschliche Schicksal doch so hart treffende Leidensgeschichte ins Lächerliche.[39] Freud transformiert diesen Prozess auf die Ebene der *Ich-Über-Ich-Relation*: Das *Über-Ich* richtet sich in der eigenen Person gegen sich selbst und schlüpft somit in die Rolle eines Erwachsenen, der sein Kind belehren oder trösten will. Infolgedessen weist das *Über-Ich* die Realität zugunsten einer Trost spendenden oder ablenkenden Illusion ab. So wird die Realität und ihre mit ihr selbst verbundenen leidvollen Erfahrungen zu einem „Kinderspiel" degradiert, welches gerade gut genug ist, um einen Scherz darüber zu machen.

Hinsichtlich der Fähigkeit zum Humor bezieht Freud letztlich die Einstellung, dass nicht jeder zu einer humoristischen Einstellung fähig sei. Sogar die Fähigkeit Humor überhaupt in Form von Lust zu genießen fehlt vielen. Festzuhalten bleibt, dass das *Über-Ich* tröstend für das *Ich* durch Humor

---

[38] Dies wird an Kurzhörspielen, wie *Sterbeseminar* oder *AA-Fingers* zu zeigen sein. Dort wird die von Freud angesprochene leidvolle Realität für einen humoristischen Lustgewinn in etwas Banales umgemünzt.

[39] In ähnlicher Art und Weise geschieht dies auch in *Fleisch ist mein Gemüse* in dem Strunk auf eine eigentlich eher erfolglose und traurige Zeit als Tanzmusiker mit humorvollem Auge zurückblickt.

agieren kann. Damit findet sich auch kein Widerspruch zum Charakteristikum des *Über-Ichs*, welches eine Elterninstanz darstellt.

Ob diese letztgenannte Dimension auch in den strunkschen Kurzhörspielen erkennbar ist, bleibt dem Fazit der noch ausstehenden Analyse vorbehalten.

2.3.2. Die Funktion des Humors im Behaviorismus nach Gordon Allport

Der amerikanische Psychologe und Soziologe Gordon Allport (1897 – 1967) gilt als einer der wichtigsten Vordenker der Persönlichkeitstheorie. Neben vielen anderen Aspekten, die nach Allport Anzeichen und Bedingungen für eine reife und ausgeglichene Persönlichkeit kennzeichnen sind, ist ein gesunder Sinn für Humor essentiell. Allport definiert die Charaktereigenschaften selbiger Personen als gemäßigt, freundlich, nicht leicht erregbar und emotional ausgeglichen.[40] Humor bildet in diesem Zusammenhang letztlich ein Werkzeug der Selbstobjektivierung und offenbart die Fähigkeit über sich selbst lachen zu können.

Auch in diesem Fall lässt sich ein konkretes Beispiel aus *Fleisch ist mein Gemüse* heranziehen: An einer Stelle beschreibt *Heinzer* seine Mitmusiker während des Umziehens für einen „Job" und bezieht gegen Ende genau so schonungslos seine eigene Person mit ein. (Strunk 2004, S. 28)

Auch im Kurzhörspiel *Erwachende Leiber* nimmt Strunk seine eigene Pubertät und die damit verbundenen Qualen sexueller Nichterfüllung „auf die Schippe".

Hier wird ebenfalls eine Nähe zur noch zu behandelnden kommunikationswissenschaftlichen Sichtweise von Helga Kotthoff offenbar: Die so nötige Fähigkeit zur Rollendistanz wird durch die Selbstobjektivierung im humoristischen Bereich anwendbar und verweist auf ein stark ausgeprägtes Selbstbewusstsein. Doch ähnlich wie Freud ist Humor für Allport nicht ausschließlich positiv konnotiert: Wenn z. B.: die humoristische Erhöhung bzw. Erbauung durch das Herabsetzen anderer Personen erfolgt oder durch die Konstellation einer absurden Situation, die jenseits des vernunftmäßigen Eingriffs seitens des Menschen selbst liegt.[41]

---

40 Ebd.

41 Vgl. auch: http://www.social-psychology.de/do/PT_allport.pdf

3. Musik im deutschsprachigen Hörspiel – Typologien und begriffliche Differenzierung

3.1. Annäherung an den Begriff „Hörspiel"

Bei einem derart multimedialen Phänomen wie dem Hörspiel ist die Greifbarkeit einer allgemeingültigen Definition nur schwer bis gar nicht zu erreichen. Rudolf Frisius definiert in dem MGG-Artikel *Rundfunk und Fernsehen* den Begriff, verortet unter der Rubrik „Radiokunst", dennoch wie folgt:

„Der Begriff *Hörspiel* bezeichnet ein aus technisch konservierten, produzierten oder verarbeiteten Klängen gestaltetes Hörereignis, das über Lautsprecher wiedergegeben und ohne Zusammenhang mit der Klangproduktion bedingenden oder begleitenden visuellen Vorgängen wahrgenommen wird."[42]

Dabei tritt die enthaltende Musik neben den anderen zwei Grundbereichen Sprache und Geräusch nicht nur dramaturgisch in Erscheinung. Sie kann überdies zur integrativen Öffnung des Hörspiels hin zur klingenden Sprache oder der Erweiterung des Geräuschs beitragen. Für diese Erscheinung wird dann der Begriff „Akustische Kunst" geprägt. (Frisius 1998, Sp. 629)
Als inhaltliche Abgrenzung zur Form eines Features galt bis zu den grundlegenden Neuüberlegungen durch Autoren wie Kagel[43] oder Döhl[44] folgende vereinfachende Formel:

„Das Hörspiel hat eine Fabel, das Feature hat ein Thema."[45]

Dass diese allgemeine Formulierung jedoch noch nichts über das Wesen des Hörspiels als Kulminat von Musik, Sprache, Geräuschen und Stille aussagt, ist augenscheinlich.
Nach Kagel kann im Bezug auf den Begriff „Hörspiel" weder von einer rein literarischen, noch von einer rein akustischen Erscheinung die Rede sein. Vielmehr sei das Hörspiel eine „akustische Gattung unbestimmten Inhalts".[46] Trotz der Uneindeutigkeit des Begriffs schufen namhafte

---

42 Frisius 1998, Sp. 628.

43 Vgl. bspw. Kagel 2001, S. 283-288.

44 Döhl 1988.

45 Krebs 2006. (http://www.opp.udk-berlin.de/opp/uploads/0/08/HM_H%C3%B6rspielMusik.pdf)

Komponisten, wie z.B.: Bernd Alois Zimmermann die Musik für die Hörspiele Günter Eichs[47] und trugen somit einer Weiterentwicklung dieses multimedialen Feldes bei.

Nach diesen grundlegenden Entwicklungen der 50er-Jahre unternimmt Heinz Schwitzke den Versuch, die Hörspiele der 60er-Jahre der sog. *Hamburger Dramaturgie*[48] zu unterwerfen. Jedoch wird mit der technischen Entwicklung der Stereophonie auch dieses Unterfangen zum Scheitern gebracht. Erst Franz Mon versucht mittels einer Abgrenzung, was denn ein Hörspiel nicht sei, sich der Kunstform durch Negation zu nähern.[49] Das Hörspiel behauptet demnach seine Identität ohne konkrete Genre-Festlegung. Somit fordert das Hörspiel gleichsam die Vorstellungskraft des Hörers und kann „hörbar" machen, was „unsichtbar" ist. (Hobl-Friedrich 1991, S. 19.) Schwierig gestaltet sich ebenfalls die optimale Nutzung des akustischen Raums im Hörspiel ohne den Hörer mit zu vielen Höreindrücken zu überfordern und damit das auditive System des Menschen zu überbeanspruchen. (Ebd., S. 21)

Festzuhalten bleibt, dass das deutsche Hörspiel der Gegenwart seinen Anspruch als „Akustische Kunst" seit den späten 60er-Jahren verfolgt. So stellt Theatermacher und Autor Peter Handke fest:

„Zu den Mitteln eines Hörspiels gehört freilich nicht nur die Sprache, sondern jede Art von Geräusch, der Schall, die Musik." [50]

Im Hinblick auf die hier zu verhandelnde Spezialform des Kurzhörspiels muss erwähnt werden, dass die Entwicklung dieses Genres erst in den 70er-Jahren stattfindet. Diesen Weg bereitet u.a. Heinrich Vormweg mit seiner aus dem Jahr 1975 stammenden Untersuchung über das Science-Fiction-Hörspiel. Diese Abhandlung stellt einen ersten Schritt hin zum Versuch eine Hörspieltypologie zu entwerfen, dar. Die in Form eines Radio-Essays formulierten Fragen an

---

46 Vgl. Frisius 1998, Sp. 628.

47 z.b.: „Träume" aus dem Jahr 1951.

48 Die *Hamburger Dramaturgie* geht auf G. E. Lessing zurück, der in seiner Zeit (1767-1769) als Dramaturg am Hamburger Nationaltheater. In dem dramentheoretischen Hauptwerk steht das das Mitleiden des Zuschauers mit dem dramatischen Geschehen auf der Bühne zur Erlangung eines tugendhaften Verhaltens im Mittelpunkt. Er bezieht sich dabei auf die Dramentheorie des Aristoteles und interpretiert dies neu. Die dramatische Handlung soll dahingehend konzipiert sein, dass sie der Realität des Zuschauers nicht fremd ist. (Vgl. Hobl-Friedrich 1991, S. 17. und Lessing 1776, S. 294.)

49 Ebd., S. 20.

50 Zit. Nach Frisius 1998, Sp. 631.

Autoren von Kinderhörspielen, Kurzhörspielen u.a. werten zum ersten Mal die bereits über Jahre praktizierte Programmausstrahlung analytisch und damit wissenschaftlich aus.[51] Döhl weiter zu einer Entwicklung des Genres Kurzhörspiel:

„Eine besondere Rolle im Bereich des Unterhaltungshörspiels spielen die sogenannten Familienserien mit auffälligen Niveauunterschieden. Sind auf der einen Seite (‚Familie Hesselbach') Nachbarschaften zu den berüchtigten amerikanischen ‚daytime serials' konstatierbar, soll auf der anderen Seite *mit unterhaltsamen Mitteln zum Nachdenken* angeregt werden (‚Familie Wernicke', ‚Papa, Charly hat gesagt...'). Serien, die in den 80er Jahren durch unsinnig spannende, erfolgreiche Kurzhörspiel-Reihen abgelöst wurden (‚Der Frauenarzt von Bischofsbrück', ‚Lord Lobster'), die anschließend oft noch in Buchform erschienen."[52]

Überdies plädiert Döhl weiter für ein frühes Ansetzen einer Geschichte des Kurzhörspiels:

„Im Falle des Features, das in Hörfolge, Hörbild oder Aufriss seine Vorläufer hatte, im Falle der Familienserie und des Kurzhörspiels könnte man von Hörspielformen sprechen, die sich vor allem aus Programmstruktur und --Programmplanung herausgebildet haben. (Wobei beim Kurzhörspiel daran zu erinnern wäre, dass es auch hier sehr früh bereits die Vorstellung des kurzen Hörspiels gegeben hat, ablesbar bereits dem ersten Hörspiel-Preisausschreiben aus dem Jahre 1924. [...] Man muss diesen Unterschied sehen, um zu verstehen, warum das Niveau der seit circa 1970 entstandenen Kurzhörspiele so unterschiedlich ausfiel, warum selbst ein Kurzhörspielpreisausschreiben 1971/1972 unter 3000 eingereichten Manuskripten lediglich 6 auszeichnungswürdige vorfand. Zwar haben sich einige Sender der ARD in den folgenden Jahren, zum Teil mit eigenen Terminen, weiter um eine Entwicklung des Kurzhörspiels bemüht, dennoch diese Gattung bisher nicht überzeugend etablieren können."[53]

Die Gründe für die nicht voranschreitende Entwicklung sieht Döhl in der mangelnd ausgearbeiteten Spielstruktur der Stücke, wodurch sie im Radioprogramm des WDR der 70er-Jahre keinen eigenständigen Sendeplatz bekommen, sondern lediglich überleitend als kurze „Hörspots" zum Einsatz kommen. Diese konnten jedoch sinnreich mit aufrüttelnden, die Art und Weise des Medienkonsum hinterfragenden Inhalten angereichert sein:

„Es war dies im Grunde die aufs Radioprogramm übertragene Auffassung Friedrich Dürrenmatts, Kunst dort zu machen, wo sie niemand erwarte - in Medienkonsequenz. Mehr als die bisher vorliegenden Kurzhörspiele wären diese Hörspots geeignet, auch den Hörer einer Magazinsendung aus seiner gedankenlosen Konsumhaltung aufzuschrecken, wobei sie die funkische Legitimation hätten, aus der Sendeform des Werbespots in kritischer Intention abgeleitet zu sein."[54]

---

51 Vgl. die Anmerkungen von Reinhard Döhl dazu: http://www.reinhard-doehl.de/forschung/hspl70_2.htm

52 Zit. Nach: http://www.reinhard-doehl.de/forschung/hspl70_2.htm

53 Ebd.

Döhl stellt hinsichtlich des Kurzhörspiels weiterhin die Tendenz zur Serie und zur Aufhebung der Trennung von Sprachwitz und Werbespotcharakter der Kurzhörspiele fest.[55] So vereint das Kurzhörspiel die traditionelle Form und die des „Neuen Hörspiels" und kann von der herkömmlichen Handlungsführung abweichen und auf sprach-spielerische Weise kritische Postionen beziehen. (Würffel 1978, S. 183 f.)

Die Genese des Kurzhörspiels ist zudem auf die Rezeptionsfähigkeit des Zuhörers zurückzuführen. Analog zum Bühnengeschehen des Theaters wird seit der Stücke Strindbergs auf eine Gliederung in mehrere Akte zur symphonischen Steigerung des Spielgeschehens verzichtet. Das vielfarbige Spiel mit neuen Bühnendekorationen über eine Dauer von 60 bis 90 Minuten überfordert den Zuschauer und im Falle des Hörspiels, den Zuhörer. Somit entspricht das Kurzhörspiel dem Einakter im Theater, ohne Blende, zumeist mit nur zwei Figuren oder gar monologisch besetzt. Letzteren entdeckte bereits Herrmann Kesser für seine Hörspiele. Ein Beispiel findet sich in Coeteaus Monolog „Geliebte Stimme". (Ebd.)

3.2. Grundannahmen über die „Musik im Hörspiel"

Wie so viele Begriffe der Geistes– und Naturwissenschaften sind auch die Begriffe „Hörspielmusik" und „Musik im Hörspiel" auf keine feststehende Bedeutung hin determiniert. Dieser indifferenten Betrachtungsweise geht der scheinbar willkürliche Gebrauch dieser Termini aus der Frühzeit des Hörspiels voraus: So wendet Edmund Wachten die Begriffe „Hörspiel mit Musik" auf unterschiedliche Bereiche an: Die Musik sei verantwortlich für die symbolische Formgestalt, sowie für die Verknüpfung von dichterisch-thematischen Verbindungen. Damit ist sie, genau wie die Sprache oder das Geräusch, ein gleichwertig wichtiger Teil des gesamten dramaturgischen Ablaufs im Hörspiel. (Wachten 1933, S. 551)

Der Terminus „Hörspielmusik" wird in der Sekundärliteratur vor allem für originär für Hörspiele komponierte Musik verwendet. Hobl-Friedrich schlägt daher zur weiteren Verfeinerung der Formen von „Musik im Hörspiel" bzw. der „Hörspielmusik" aus dem Vergleich vieler Hörspiele und deren Arten, Form, Modifikation des Einsatzes von Musik die nun folgende grobe Einteilung für den Zusammenhang von Musik und Hörspiel vor.

---

54 Ebd.

55 Ebd.

3.2.1. Musik im Hörspiel

Von „Musik im Hörspiel" kann immer dann die Rede sein, wenn musikalische Phrasen und Einwürfe die szenische Dramaturgie gliedern. Musik kann den Handlungsverlauf nach innen hin, aber auch, den Hörer leitend, nach außen hin strukturieren. Somit können Szenen voneinander getrennt, Anfang und Ende einer Handlung oder eines Handlungsabschnittes eingeleitet, Pausen gefüllt und überbrückt, sowie Geräusche substituiert werden. (Hobl-Friedrich 1991, S. 33)
Beispiele hierfür finden sich in den frühen Hörspielen der 50er-Jahre, welche vor allem als Adaptionen epischer oder dramatischer Literatur konzipiert oder als Hörspiele mit originär epischem Inhalt angelegt werden.[56]
Unter „Musik im Hörspiel" lässt sich also all das zusammenfassen, was der Regisseur des Hörspiels an Musik auswählt und dem Hörspiel zuweist. Dabei muss es sich nicht um extra für diesen Zweck geschriebene Musik handeln. (Ebd., S. 36)
Man kann diese Form der Musik auch als reine „Zuspielmusik" bezeichnen, welche mithilfe der derzeitigen technischen Mittel in Tonstudios akustisch verfremdet und bis zur Unkenntlichkeit verändert werden kann. An der traditionell-funktionalen Komponente dieser Art von Musik in derart angelegten Hörspielen ändert sich jedoch auch durch die Möglichkeit der Verfremdung nichts.

3.2.2. Hörspielmusik

Bei der „Hörspielmusik" wird die Musik extra für das Hörspiel geschrieben. Dabei macht es keinen Unterschied, ob es sich um Originalkompositionen, um Montagen, Collagen absoluter Musik oder einer Mixtur jener Formen handelt.
Ganz entscheidend erscheint in Abgrenzung zur „Musik im Hörspiel" hinsichtlich der Handlungsbezogenheit der Musik. Dies meint, dass die Musik auf Text und Inhalt des Hörspiels bezogen ist und damit Einfluss auf den gesamten dramatischen Ablauf im Bezug auf die Struktur nehmen kann. Somit wird die Hörspielmusik zu einer nur diesem einen Hörspiel zugehörigen und nicht austauschbaren Musik. Anders als diejenigen austauschbaren musikalischen Phrasen, welche

---

56 z.B.: Max Frischs *Biedermann und die Brandstifter* aus dem Jahr 1953. (Schmitz 1979)

als „Szenentrenner" oder Pausenfüller agieren, kommt der Hörspielmusik also eine handlungstragende und nicht handlungsstrukturierende Funktion zu. (Ebd., S. 33)

Als Randnotiz sei noch das „Hörspiel mit Musik" erwähnt, welches eine hörfunkspezifische Form darstellt, in der sich Wort und Musik zu einer Gesamtaussage ergänzen. In dieser Form hat die Musik nicht nur eine formgebende bzw. strukturierende Funktion, sondern transportiert semantisch wichtigen, also handlungsbestimmenden Inhalt. (Ebd., S. 35 ff.)

3.2.2.1. Vorläufer

Verschiedenste Formen der musikalischen Untermalung von Gesprächen oder der gemeinschaftlichen Einnahme von Mahlzeiten sind schon seit dem Barock und der Renaissance als den Genuss steigerndes Element eingesetzt worden. Doch Ende des 18. Jahrhunderts äußern Musiktheoretiker ihre Kritik zu diesem Einsatz der Musik. So schreibt Herinrich-Christoph Koch 1787, dass diese Art der Musikausübung wohl die „Unschicklichste aller sei."[57]

Doch auch von Seiten der Philosophie wird über diese Erscheinung sinniert. So wundert sich niemand geringeres als Immanuel Kant über jene Musik, welche „die freie Gesprächigkeit eines Nachbarn mit dem anderen begünstigt."[58]

Die Rede ist hierbei von der Tafelmusik, welche sich vielleicht im ersten Moment nicht als prototypischer Vorläufer der Hörspielmusik erschließt. Dennoch findet sich in der Äußerung Kants genau das wieder, was für die anfängliche Hörspielpraxis nach 1945 so trefflich gilt: Die Musik als Begleiter sozialer Situationen soll ein angenehmes Geräusch sein, welches nicht vom eigentlichen Geschehen ablenkt und keinerlei Aufmerksamkeit seitens der Hörer auf sich zieht. Die Komposition an sich soll gar nicht bewusst wahrgenommen werden, sondern unbewusst für ein Wohlbefinden auf Seiten des Hörers sorgen. (Ebd. S. 37)

Ganz klar tritt die Hörspielmusik hier wie so oft hinter den literarischen Anteil des Geschehens zurück. Anders als im Bereich der Filmmusik können solche Musikstücke wohl nie Eigenständigkeit erreichen. Zu tun hat dies augenscheinlich mit der Breitenspanne des Publikums: Schließlich kommt der Film massenhaft kopiert in die Kinos und sein „Soundtrack" kann Kultstatus erhalten. Die Hörspielmusik hingegen fristet ein nahezu ungeachtetes Schattendasein. Aus

---

57 Zit. Nach Hobl-Friedrich 1991, S. 37.

58 Ebd.

musikindustrieller Sicht ist eine populäre Filmmusik natürlich auch rentabler und attraktiver als unbekanntere Hörspielmusik.

Doch nicht nur an barocken Tafelrunden bildet sich das, was man vermeintlich als „Hintergrundmusik" bezeichnen könnte, heraus. Auch durch die Bühnen– und Schauspielmusik werden die Weichen für eine Entwicklung „dienender Musik" gestellt. Sie fungiert dort als Füllwerk, „Inzidenzmusik" oder als „reine Gebrauchsmusik", die vom Komponisten mit dem Ziel der Gleichberechtigung gegenüber dem gesprochen Wort erstellt wird. (Ebd. S. 38)

Komponisten, wie Johann Adolf Scheibe (1708-1776) fordern damals schon das, was in 150 Jahre später entstehender Hörspielmusik seine Umsetzung findet: Eine Musik, die als Brücke fungiert und Szenen voneinander abgrenzen kann.[59]

So entbrannten auch unter namhaften Komponisten[60] des 18. Jahrhunderts Diskussionen über die Grundlagen von Bühnenmusiken, welche sich im 19. Jahrhundert völlig zu entfalten wussten. Von einer Blütezeit kann man dann im 20. Jahrhundert sprechen, in welchem Bertolt Brecht und Kurt Weill mit ihrem *Epischen Theater* Schauspiel und Musik einzigartig realisierten. Schon hier hat die Musik eine andere, nicht mehr rein programmatische Funktion. (Ebd., S. 39)

Diese Form der reinen Programmmusik lässt sich wiederum bis in die Kompositionen des 17. Jahrhunderts nachverfolgen. Als grundlegendes Prinzip werden dabei Empfindungen, Gefühlsregungen oder Naturereignisse in Töne gesetzt und klanglich nachgeahmt. Als frühes Beispiel verkörpert die Seufzer-Motivik in Telemanns „Don Quichotte-Suite", welche die Liebesseufzer von Prinzessin Dulcinée symbolisieren. In dem MGG-Artikel zum Eintrag „Programmmusik" wird diese Art der Musik als bereichernd dargestellt: Der „bereits Form gewordene Inhalt" wird durch das Hinzutreten von Musik zu einem neuen ästhetischen Gebilde. (MGG, Sp.1645 f.)

Letztlich lässt sich die bis heute landläufige Funktion der Hörspielmusik aus den genannten Beispielen sehr gut herleiten und die Funktion selbiger als Szenentrenner, Brücke, Einleitungs– oder Schlussmusik, also immer dem Wort dienend, verstehen.

Zu hinterfragen bleibt allerdings, warum die Sekundärliteratur über die Verbindung von Musik und Hörspiel bisher recht dürftig ausgefallen ist.[61] (Timper 1990)

---

59 Zit. Nach Lessing, a.a.O., S. 108.

60 Zu denken ist hierbei an Stücke wie Beethovens Egmont, Bartholdys Sommernachtstraum oder an die Peer-Gynt-Suite von Edvard Grieg.

Möglicherweise liegt der Grund in der Zusammenkunft vieler Faktoren im Hörspiel: Es besteht nicht nur aus Wort und Sprache, sondern lässt zusätzlich noch Geräusche und Stille zu und entbehrt sich dazu noch völlig des Visuellen.

3.2.2.2. Anfänge

Da das Hörspiel, wie bereits angedeutet, radiogene Wurzeln trägt, kommt Anfang der 50er-Jahre eine Forderung nach Nivellierung des Einsatzes der Musik in diesem Genre auf. So fordert Otto-Erich Schilling bereits 1953 den Rundfunk auf, „Wagemut, Denken und vielfältige Versuche"[62] zu unternehmen um Klänge und Geräusche im Hörspiel zu platzieren. Jedoch sollte dieser Forderung erst 20 Jahre später im Neuen Hörspiel nachgegangen werden.[63]

In der Sekundärliteratur wird das Hörspiel *Der Flug der Lindberghs* häufig als erstes wirkliches Hörspiel genannt. Auch der Terminus „Hörspiel" taucht in diesem Zusammenhang in einer Kritik der Brechtschen *Dramatischen Kantate für drei Männerstimmen, eine Frauenstimme, Kammerchor und Kammerorchester* auf. Hierzu schreibt Karl Holl in der Frankfurter Zeitung vom 02.08.1929:

„[...] die vierte Kantate für Rundfunk [...], streng genommen, weniger Kantate, als Hör-Spiel."[64]

Andernorts wird hingegen das Hörspiel *Zauberei auf dem Sender* vom 24.10.1924 als erstes Original-Hörspiel bezeichnet. (Schmidt 1996, S. 485.)

Weitergeführt wird der Hörspielbegriff dann durch Günter Eichs *Träume*, welches eine neue Ära der Hörspielkunst einläutete. In Verbindung mit Brechts Radiotheorie ist die Forderung des Autors zu beurteilen, nach welcher die Besonderheiten des Mediums Radio nur von Kunstwerken genutzt werden könne, welche speziell für dieses Medium geschaffen sind. Mit dem Lindbergh-Flug scheint

---

61 Lange Zeit war die Forschungssituation zur Filmmusik ähnlich dürftig. Musikwissenschaftler ignorierten sie oder taten sie als banales Feld ab. Eine Ursache könnte in der Entwicklung des Geniekultes im 19. Jahrhundert und dem damit eng in Verbindung stehenden Begriff des abgeschlossenen *Werks* liegen. Die für ein Hörspiel konzipierte Musik ist nach dieser Definition schließlich kein eigenständiges Opus, sondern bedarf zusätzlicher Elemente der medialen Kunst um zur Entfaltung zu gelangen.

62 Schilling 1953-754, S. 419 f.

63 An dieser Stelle ist erneut Mauricio Kagel zu erwähnen.

64 Holl 1977.

dies gelungen: Schließlich steht hiermit ein speziell verarbeiteter Stoff und keine Adaption einer literarischen Vorlage oder ähnlich gearteter Stoff zur Disposition.[65] Die Komponisten Paul Hindemith und Kurt Weill vertonen 14 der insgesamt 17 „Kurz"-Szenen. Nach der Vereinnahmung des Hörspielgenres für die Ideologien und Doktrin der Nationalsozialisten fertigt Brecht das Hörspiel: *Das Verhör des Lukullus* (fertiggestellt am 07. November 1939) im schwedischen Exil an. Auch hier ist der Versuch des Gewinns einer qualitativen Eigenständigkeit der Hörspielmusik erkennbar. Die von Paul Dessau konzipierte Musik experimentiert beispielsweise mit Pflastersteinen und Amboss als Klangerzeuger und setzt sich damit über die bis dato etablierten musikalischen Gestaltungsmittel im Hörspiel, vor allem in der Funktion als rein untermalendes und eher im Hintergrund agierendes Element, hinweg. (Ebd., S. 47)

3.2.2.3. Entwicklungen der Gegenwart

Diese Eigenständigkeit findet ihren Kulminationspunkt in der Gegenwart. Während die Forderung nach einer Emanzipation der Hörspielmusik in der 30er- und 40er- Jahren noch nahezu unvernommen im Raum verhallte, bemühen sich Komponisten und Musiksoziologen um ein neues Hörkonzept, welches die Vermittlung *Neuer Musik* anstrebt. T. W. Adorno sieht dabei die Chance des Hörspiels in seiner Möglichkeit der didaktischen Vermittlung dieser *Neuen Musik* in einem Rahmen, der nicht nur für Musik, sondern auch für Text, Geräusch etc. offen ist.
So erreicht das Hörspiel ein breiteres Publikum als das konventionelle Konzert, da „auf einen Schlag" 200000 Hörer beschallt werden können. (Hobl-Friedrich, S. 73)
Dies kann natürlich nur unter der Voraussetzung entsprechender „Einschaltquoten" geschehen. Diese Tatsache erscheint auch positiv für die Komponisten von Hörspielmusik: Die Musik von Mauricio Kagel, Heiner Goebbels, u.a. konnte nun einer breiteren Öffentlichkeit zugänglich gemacht werden. Hobl-Friedrich stellt in ihrer Dissertation *Die dramaturgische Funktion der Musik im Hörspiel* aus dem Jahr 1991 das Hörstück *Tribun* von Mauricio Kagel als Beispiel einer neuen Auffassung von Hörspielmusik vor:
Das Stück, in welchem es ganz allgemein um die Darstellung eines politischen Führers handelt, enthält komponierte Marsch-Sätze, welche thematisch am Hörspieltext orientiert, aber auch autark entwickelt sind. Kagel löst hierfür alle Musikstücke aus dem Kontext des Hörstücks und gibt diese

---

[65] Die Rundfunkanstalten beauftragten Brecht eine Information ästhetisch zu kommunizieren.

als selbständige Partitur mit dem Titel *Zehn Märsche, um den Sieg zu verfehlen*, heraus. (Ebd., S. 73)

Schon im Titel wird das eigentliche Ziel, welches Kagel mit der Auflösung des Zusammenhangs von Musik und Text verfolgt, augenscheinlich: Wenn man die Marschmusik entkernt von tragender Melodie, Betonungen schwerer Zählzeiten und nur das harmonische Grundgerüst belässt, erlangt man keinen Halt in der Musik und das militaristische Ziel des einheitlichen Zu-Felde-Ziehens wird verfehlt.

Der Erfolg dieser Hörspielmusik scheint jedoch eine Ausnahme zu sein, denn schließlich gibt es bisher keinen vergleichbar kommerziellen Gewinn durch andere Musiken dieser Art zu verzeichnen. Dennoch konnten Kompositionen, wie Dieter Schnebels *Hörfunk I* oder Dieter Kühns *Goldberg-Variationen* eine weitere Entwicklung einer Hörspielmusik als gestaltetes Sujet weiter vorantreiben. (Schmidt 1996, S. 483)

Diese Entwicklungen auf die Spitze treibend erweist sich das nun als „Dokumentation" zu bezeichnende Hörspiel *Wie eine Staubwolke aus Noten* von Ekkehard Sass aus dem Jahr 1979. Hierin verschmelzen 300 Stunden aufgenommener Orchesterbetrieb zu einem auf 70 Minuten verdichtetes Hörspiel und Musik. Musikleben und Rezeptionssituation verschmelzen dabei in einem Werk. (Ebd.)

Damit können die genannten Komponisten und ihre Errungenschaften als durchaus zukunftsweisend für die weitere Entwicklung des Zusammenhangs von Hörspiel und Musik, mit Schwerpunkt auf der Eigenständigkeit des Klanges, angesehen werden. Die Leistung von Komponisten wie Kagel liegt vor allem darin überhaupt auch musikwissenschaftliche Interessen hinsichtlich des Hörspiels zu wecken. Schließlich sind Namen wie Dieter Schnebel bereits im Kanon der Musikwissenschaft verankert und erfahren bereits Anerkennung für ihr außerhalb der Komposition von hörspielspezifischer Musik liegendem Schaffen.

3.2.3. Hörspiel als Musik

Wenn man sich dem Hörspiel sich von der Seite des Komponisten her nähert erschließt sich eine weitere Form der Anordnung musikalischer und akustischer Ereignisse im Klangraum: Das Hörspiel als Musik. Komponisten wie Wolfgang Rihm beurteilen die Musik hierfür nach ihrem Materialwert, wobei die Schallquelle, sei es die menschliche Stimme, ein Instrument, mechanische oder elektroakustische Geräusche, von gleichem Wert erscheint. Mithilfe von Schneidewerkzeugen im Tonstudio lässt sich dann realisieren, was Rihm „Mutation" nennt. Dabei meint der Komponist nicht die ursprüngliche Wortbedeutung des engl. „mutation" : Veränderung, sondern das „Anders-Sein im Anders-Werden".[66]

Dieses zumeist auch absichtslose Sich-Ändern „des Klanges vom Klang eines Klanges" ergibt dann ein Klangspiel, welches als Hörspiel intendiert ist. Daraus resultiert dann ebenfalls eine höchst artifizielle und sensible Funktion der „Musik als Hörspiel": Musik wird dann ein Vorgang, welcher um seiner selbst Willen geschieht und der sich erst beim Hören als solcher manifestiert. Als weitere wichtige Feststellung kann die Aussage Eugen-Kurt Fischers zur Thematik des akustischen Kunstwerks herangezogen werden: In diesem kann es demnach nur ein zeitliches Nacheinander klingendes Miteinander von Stimmen mit Musik und Geräuschen, niemals jedoch ein räumliches Nebeneinander geben. (Fischer 1932, S. 3)

3.2.4. Zusammenfassung funktionaler Aspekte

Wie stellt sich nun die grundlegende Arbeitsweise eines Komponisten dar, welcher eine originäre Hörspielmusik schaffen soll? Zunächst einmal hat er eine elementare Entscheidung zu treffen: Soll die Musik text-unterlegt oder text-frei erklingen?

Alle danach folgenden Überlegungen behandeln genau jene Punkte, welche bereits in der Vergangenheit Komponisten von Hörspielmusik beschäftigt haben:

Soll die Musik das Hörspiel einleiten oder beenden? Ist sie an einer bestimmten Stelle nur Zwischenmusik und fungiert sie andernorts als Brücke zwischen zwei Szenen? In diesen Fragen kommt die bisher noch nicht verbalisierte Nähe des Hörspiels zum Theater zur Sprache. Ähnlich

---

[66] Vgl. dazu Rihm 1987.

einem Vorhang kann die Musik im Hörspiel die vorangegangene Szene ausklingen lassen und gleichzeitig die Stimmung einer neuen Situation ankündigen und im Hörer verfestigen. In dieser Funktion handelt es sich um „Inzidenzmusik".[67]

D.h.: Im Hörspieltext selbst gibt es einen Hinweis darauf, dass jetzt ein Orchester anfängt zu spielen oder eine wie auch immer geartete Schallquelle erklingen soll. Damit geht die Musik voll in der Dramaturgie des Hörspiels auf, kann aber andererseits nicht als eigenständig bezeichnet werden. Andererseits stehen auch Theorien im Raum, welche Gegenteiliges behaupten:

"Untermalende Musik, ‚stimmungserzeugende´ Musik, melodramatische und Zwischenakts (- Zwischenszenen -) musik gibt es im Hörspiel im Grunde nicht."[68]

Eine weitere Funktion der Hörspielmusik findet sich in der Möglichkeit zu Illustration ohne Worte. So z.B.: in Antonio Vivaldis *Vier Jahreszeiten*.[69] Hier intensiviert und illustriert die Musik die klangliche Vorstellung der Vergänglichkeit und beschreibt gleichsam die Eigenarten der Zeit selbst. Noch stärker wird dies spürbar, wenn die Musik zur Charakterisierung von Personen, Tieren oder Situationen eingesetzt wird: Ein wohl sehr bekanntes Beispiel findet sich in der Instrumentierung von Sergej Prokofjeffs *Peter und der Wolf*. Dort erklingen Leitmotive, welche speziellen Personen oder Orten zugeordnet sind und welche dem Hörer eine Zuordnung zu einem gewissen Handlungsstrang auch ohne wirkliche Verbalisierung ermöglichen.

Natürlich kann die Musik im Hörspiel ebenfalls als Chiffre des Textes agieren und selbigen ausdeuten bzw. dessen verschlüsselte Botschaften zum Klingen bringen.[70]

Wenn die Hörspielmusik als Hintergrundmusik eingesetzt wird und damit als „Klangband" dem Wort untergeordnet erklingt ist die Funktion der Musik auf die eines reinen, nicht semantischen Klangteppichs reduziert. „Dem Wort dienen" kann sie jedoch wenn sie als Markierung bestimmter Textstellen und damit zur Spannungssteigerung eingesetzt wird.

Wird die Hörspielmusik jedoch als zweite zusätzliche semantische Ebene für ein Hörspiel konzipiert, erhält man vielerlei Möglichkeiten der Interpretation. Die Musik kann dabei zur

---

67 Der Begriff tauchte bereits an anderer Stelle dieser Untersuchung auf und meint das Ankündigen einer Szene durch Musik. (vgl. Hobl-Friedrich 1991, S. 75)

68 Zit. nach Schwitzke 1969.

69 Hörer, die das Stück losgelöst von seinem konzertanten Kontext rezipieren, vernehmen das Stück als eine Art Filmmusik mit reichen Assoziationen und imaginierten Bildern. (Schinköth 2012)

70 Damit erfüllt sich in diesem Falle die landläufige Definition Musik beginne dort, wo Worte aufhören.

Antizipation, als Kommentar, zur Ironisierung, als Kontrast, als Kontrapunkt oder zur Verfremdung des textlich manifesten Geschehens eingesetzt werden. (Ebd., S. 78)

Natürlich wird es in der Gesamtrealisation sicherlich auch zu gewünschten Überschneidungen dieser funktionalen Aspekte kommen. Da dem Geräusch eine gewisse Tonrelation fehlt, kann ein derartiger Katalog an Funktionen nicht für eine reine Geräuschkomposition gelten. Für diese Zusammenstellung ist es andererseits aber auch nicht von Belang, ob es sich bei der erklingenden Musik um „Zuspielmusik" oder Originalkompositionen handelt. Ebenfalls obsolet erscheint auch die Differenzierung in E– und U-Musik, da an dieser Stelle die rein musikdramaturgische Funktion und nicht der Versuch einer mit einer Wertediskussion vorbelasteten Genrezuweisung anhand musikhistorisch überkommener Begriffe im Vordergrund steht.

3.3. Mediale Präsenz

Die Praxis der Rundfunkanstalten hinsichtlich der Ausstrahlung von Hörspielen kann gegenwärtig als Einwegkonsum beschrieben werden. Ein Hörspiel wird zu einer gewissen Zeit gesendet und verschwindet dann in den Archiven des Senders. Anders als bei Film und Fernsehen, wo Filme in Hunderten von Kopien um die Erde oder zumindest in Deutschland kursieren, ist das Hörspiel als monokausales Ereignis anzusehen. Auch Theaterstücke oder Konzerte werden, anders als Hörspiele, mehrfach aufgeführt und als Mitschnitte auch mehrfach kopiert und in Umlauf gebracht.[71] All dies lässt auf die Art des Konsums von Hörspielen schließen. (Hobl-Friedrich 1991, S. 21)

Niederschlag findet dies auch in der medialen Resonanz des deutschen Hörspiels. So formuliert Dieter Hasselblatt in einem humorvoll-ironischen Essay von 1980 die Frage:

„Warum [...] findet das Hörspiel so gut wie gar nicht in der belegenden und kritisierenden Zeitungs-Medien-Beobachtung statt?"[72]

Dies hängt wohl auch mit dem künstlerischen Ansehen des Hörspiels zusammen. So beschreibt Christian Deutschmann das Hörspiel als

---

71 Wobei natürlich auch Konzerte bzw. Theaterstücke aufgrund von hohem Aufwand oder geringer Resonanz nur wenige Male oder gar nur ein Mal erklingen können.

72 Hasselblatt 1908.

„[...] Bastard, entstanden aus einer anrüchigen Liaison von literarischer Elite und Groschenheft-Pöbel, [...]"[73]

Selbst Leiter von Hörspielabteilungen, wie z.B.: Christoph Lindenmeyer von der Hörspielabteilung des BR, kommen zu der Feststellung, dass Rezensionen zu Hörspielen eigentlich nur im Feuilleton der FAZ oder in der Wochenzeitung „DIE ZEIT" stattfinden. (Ebd., S. 24)

Trotz der bereits vorhandenen technischen Mittel zur Vervielfältigung von Hörspielen, besteht erst seit Ende der 80er- Jahre das Bemühen Hörspiele einem breiteren Publikum zugänglich zu machen. So fordert Eva-Maria Lenz weitere Anstrengung um Resonanz, nicht nur von Hörspielklassikern von Dürrenmatt, Eich oder Bachmann.[74]

In diesem Zusammenhang sind weiterhin Autoren wie Günter Rohrbach oder Matthias Morgenroth zu nennen. Ersterer sieht das Problem der geringen Medienresonanz nicht in der zu kleinen Zahl, sondern eher im mangelnden Kunstbemühen der bereits etablierten Literaten. (Rohrbach 1988, S. 10)

Für Morgenroth gehört ebenfalls die Beachtung der Kunstform „Hörspiel" als literaturwissenschaftlicher Gegenstand, sowie die Forderung nach der Verbreitung und Realisation desselben durch akustische Verlage zu einer positiven zukünftigen Entwicklung des Hörspiels. (Morgenroth 1989)

Die Vermutung über die Scheu der Medien gegenüber einem so vielgestaltigen Medium, wie dem des Hörspiels, hängt wohl mit eben jener polymorphen Sonderform, welche das Hörspiel zweifellos inne hat, zusammen. Bei Betrachtung des reinen Hörspieltextes fehlt die akustische Komponente und dies bedingt wiederum die Bindung von Text, Akustik und Form. Dabei ist die technische Komplexität der Umsetzung für den Hörer zwar nicht durchschaubar, jedoch befördert jene akustische Kunstform gleichsam dessen Vorstellungskraft und Assoziationsfähigkeit.

Bei der speziellen Frage nach der ausbleibenden Kritik von Hörspielmusik durch die gängige Musikbeurteilung werden folgende Vermutungen von Mechthild Hobl-Friedrich angestellt:

1. Das Hörspiel geht aufgrund der Annahme fehlender Kompetenz seitens der Medienkritik eben nur durch diese, aber nicht durch die Musikkritik.
2. Die Hörspielmusik wird als unerheblich betrachtet.
3. Der Komponist des musikalischen Beiwerks ist unbekannt und nicht der Rede wert.

---

[73] Deutschmann 1989.

[74] Lenz 1991.

4. Aufgrund von Zeitmangel ist ein differenzierteres Hören im heutigen Sendebetrieb kaum möglich.
5. Hörspielmusik-Komponisten wie John Cage, Mauricio Kagel oder Heiner Goebbels finden Erwähnung im Gesamtkontext der Hörspielkritik, aber nicht speziell für die Musik.
6. Die Interpreten der Hörspielmusik sind ebenfalls unbekannt und damit „nicht der Rede wert".

(nach Hobl-Friedrich 1991, S. 29)

Das durch diese Prämissen abgesteckte Nischendasein lässt natürlich wieder Spielräume hinsichtlich der musikalischen bzw. akustischen Gestaltung zu.[75]
Hingewiesen sei an dieser Stelle nochmals auf die Pionierarbeit von Komponisten, wie dem nun bereits des Öfteren erwähnten Maurico Kagel oder von Dieter Schnebel, welche durch ihre Beschäftigung mit dem Genre des Hörspiels und vor allem mit dessen musikalischer Ebene neue Tendenzen in Gang setzen. Ohne klare Trennlinie zwischen Text, Handlung, Musik und Figuren kann eine Öffnung hin zu einer Verselbstständigung bzw. Verschmelzung der einzelnen Ebenen zu einer neuen Kunstform erfolgen. Genau hierin liegen die Möglichkeiten eines Nischendaseins des Hörspiels im gegenwärtigen Kunstbetrieb.

3.4. Instrumenteneinsatz und technische Möglichkeiten der Realisation

Die Umsetzung dieser sich bietenden neuen Möglichkeiten wird dem Komponisten u.a. mithilfe der Instrumentierung möglich. Durch sie kann er bestimmten Figuren, Orten oder Handlungselementen einen wiedererkennbaren Klang geben. (Honegger/Massenkeil, a.a.O, s. 181)
Beispiele für derartige Klänge finden sich zuhauf in Opernmusiken[76]: Ein Trompetenklang als Herrschersymbol, ein Horn als Jagdsignal oder eine Schalmei, die den Schäfer charakterisiert. Natürlich kann eine Instrumentation auch kontrastierend zum eigentlichen Handlungsverlauf erfolgen. Unter Hinzuziehung der Tonstudiotechnik können sich diese gewonnen Klänge aber auch zu ganz neuen und eigenständigen „Schallmutationen" mit eigener Aussagekraft jenseits des

---

75 Zu erwähnen ist hierbei die Pionierarbeit von Mauricio Kagel. (Vgl. Hobl-Friedrich 1991, S. 29 f.)

76 Am noch ausstehenden Analysebeispiel der Kurzhörspiele von Heinz Strunk kann der Frage nachgegangen werden, ob die derzeit verwendete Hörspielmusik weitgehend auf Gestaltungsprinzipien von Bühnenmusik zurückgreift oder ein musikalisch eigenständiges Medium darstellt.

Verbalen verändern: Schnitte, Montagen, elektronische Transformation, Geräuschelemente machen diese klangliche Metamorphose möglich:

"Das Hörspiel ist das Labor des Rundfunks. Seine Produkte sind in allen Bereichen des Unternehmens wirksam: Werbespots leben von der Dramaturgie des Minihörspiels, Jingles beruhen auf akustischen Experimenten erfahrener Toningenieure, Trailer produzieren härteste Schnittechniken usw. [...]"[77]

Das Argument, man solle auf einem tief erklingendem Instrument, z.B.: Kontrafagott oder Bass keine hohen Töne spielen hat sich mit der Entwicklung *Neuer Musik* selbst ad absurdum geführt: Schließlich können doch gerade „komische" Klänge ein eindeutiges Gefühl von Angst oder „Mulmigkeit" vermitteln. Im Zusammenhang mit dieser neuen Bedeutung des Instrumenteneinsatzes im Hörspiel kann man auch vielmehr von Akustikdesign sprechen. Dieser Begriff wird deshalb nötig, weil sich die Hörspielmusik derzeit genau zwischen den beiden Polen der zeitgenössischen Musik und der „tradierten Klangverwendung" bewegt, wobei sich erstere, wenn auch auf abalinierendem Weg, aus der letzteren speist.

Das Ziel der Komponisten sollte es deshalb sein, isolierte Klänge einmalig einzusetzen. Gleichzeitig müssen diese jedoch auch als Klangfolge funktionieren und für eine neue Bedeutungszuweisung offen sein.

---

77 Zit. Nach Krug 2003, S. 104.

Praktischer Teil

4. Analyse ausgewählter Kurzhörspiele

4.1. Vorbemerkung zu Methode und Zielsetzung

Die Methodik zur Analyse der nun folgenden Kurzhörspiele orientiert sich an dem von Mechthild Hobl-Friedrich vorgelegten Analyseleitfaden. In ihrer Dissertation zur *Dramaturgischen Funktion der Musik im Hörspiel* wird eine Kategorisierung verschiedener Hörspieltypen in Verbindung mit der Verwendung musikalischer Elemente vorgeschlagen. Die Autorin unterscheidet dabei in Hörspiele mit und ohne musikalische Thematik, Hörspiele mit Originalkompositionen und Sonderformen, welche sich einer vorgenannten Systematik entziehen. Innerhalb der ersten Form kann dann die Musik in Form von Zuspielmusik oder als Originalkomposition erklingen. Hinsichtlich der Originalkompositionen wird ebenfalls die vorgenannte Einteilung in Hörspiele mit oder ohne musikalische Thematik getroffen. Um Zuspielmusik handelt es sich dann, wenn eine nicht vom Autor selbst stammende und extra für dieses Stück verfasste Komposition verwendet wird. Im Gegensatz dazu steht die Originalkomposition, die vom Autor selbst für das Kurzhörspiel geschrieben und produziert wurde.

Zwar wird in diesem Zusammenhang nur auf vergleichsweise lange Hörspiele eingegangen, jedoch kann die Systematisierung meines Erachtens nach auch für die zu diskutierenden Kurzhörspiele verwendet werden. Natürlich formuliert Hobl-Friedrich nicht den Anspruch auf eine vollständige Katalogisierung jeglicher Arten von Hörspielen. Der Anteil meiner Analyse soll als Erweiterung des von der Autorin vorgestelllten Systems auf den Bereich der Kurzhörspiele verstanden werden und in diesem Kontext auch die Form des Kurzhörspiels mit rein musikalischer Thematik ohne entsprechendes Klangerlebnis einführen.

Im Unterschied zur Kernanalyse der Stücke bei Hobl-Friedrich wird die Betrachtung meiner ausgewählten Beispiele keine ausführlichen Beschreibungen enthalten, sondern kurz und knapp bleiben um zur gewichtigeren Interpretation der Werke zu gelangen.

Dabei sollen zugleich die in den vorherigen Kapiteln gewonnene Erkenntnisse zur Form des Hörspiels und zum Thema Humor (Rahmentheorie, etc.), sowie die biographischen Informationen rund um den Verfasser Eingang in die Analyse finden. Zudem werden einige kurze

Vorbemerkungen zu den Stücken an sich erfolgen um dann von der Textbetrachtung hin zu einer schwerpunktmäßig musikalischen Analyse der Stücke zu gelangen.

Nach Benennung von Formalia, wie Autor, Erscheinungsjahr, Label etc. das jeweilige Stück beschrieben und im Anschluss auf eine womögliche Intention hin interpretiert werden.

4.2. Kurzhörspiele ohne musikalische Thematik

4.2.1. Zuspielmusik

4.2.1.1. *Die Alternative*

Autor:	Matthias Halfpape (*Heinz Strunk*)
Album:	*Der Schlagoberst kommt* (1999)
Dauer:	1:17 Min.
Regie:	Mathias Halfpape
Veröffentlichungsdatum (VÖ):	Oktober 1999
Label:	Intercord Tonträger GmbH

Sujet

Bei diesem Kurzhörspiel handelt es sich um einen Dialog zwischen zwei betrunkenen Männern, die gerade Chips essen, Alkohol konsumieren und das Stück „Smoke On The Water" von *Deep Purple* hören. Beide Stimmen wurden durch Transposition-Effekte verstellt und von Strunk selbst eingesprochen. Die Unterhaltung dreht sich die ganze Zeit um die Körperausdünstungen der beiden Gesprächspartner.

Interpretation

Strunk wirft in diesem Kurzhörspiel das Klischee des asozialen Rockers auf der sich minutiös mit den eigenen Körperausdünstungen beschäftigen kann. Der Song „Smoke On The Water" wird am Anfang des Kurzhörspiels mit einem *fade-in*[78] versehen und am Ende verklingt selbiger als klassisches Beispiel einer Hintergrundmusik. Sie fungiert im Sinne Hobl-Friedrichs als „dem Wort untergeordnet".[79]

Obwohl man hinsichtlich dieser Verwendung der Musik kaum von einer dramaturgischen, als vielmehr von einer dienlichen Funktion sprechen kann, ist die Szenerie den musikalischen Anteil nicht vollständig. Erst durch den Einsatz dieses Songs, den Strunk vermeintlich schon auf vielen

---

78 Meint das langsame lauter werden des Klangmaterials.

79 Hobl-Friedrich 1991, s. 77 f.)

Veranstaltungen gehört hat, wird das Klischee des saufenden und asozialen Rock-Fans erst komplettiert und überzeichnet. So ist die Übersteigerung dank Musik zwar nicht im Verlauf des Stückes, wohl aber vertikal, also im Setting zu verorten. Womöglich spielt Strunk hier auch auf seine Vergangenheit als Tanzmusiker an, in der Betrunkene auf einer Festlichkeit gegen 2 Uhr nachts zu diesem Lied Luftgitarre spielen.[80] Insgesamt stellt dieses Kurzhörspiel als eine Parodie auf das Klischeehafte des Rockermilieus dar. Zur Festigung dieses Eindrucks tragen auch die Schnoddrigkeit der Stimmen, sowie die Geräuschkulisse in Verbindung mit dem gesprochenen Inhalt bei.

Im Interview äußert sich Strunk dahingehend, dass der gewählte Song für dieses Kurzhörspiel stellvertretend für Rockmusik steht und frei austauschbar durch ein anderes Stück aus diesem Metier sei. (Strunk 2012)

Als theoretisches Erklärungsmuster kann das Beispiel des kommunikativen Humors, wie er durch Helga Kotthoff beschrieben wird, herangezogen werden. Die Stimmen werden als übertriebene Imitationen von Klischee-Rockern dargestellt und ziehen aus der Genauigkeit der Intonation und der verbalen Gesten eine Form der Komik.

---

80 In Fleisch ist mein Gemüse wird ebenfalls von Besuchen der *Taverna Stavros*, einem griechischen Restaurant vom Protagonisten und einem Bandkollegen gesprochen (vgl. Strunk 2004, S. 94 ff.)

4.2.1.2. *Essen und Erotik*

Album: *Der Schlagoberst kommt* (1999)
Dauer: 1:15 Min.

<u>Sujet</u>

Geschildert wird hier eine Situation in einem Restaurant: Vor dem Hintergrund des Vortrages einer Gesangseinlage eines unbekannten Interpreten, welcher vermutliche eine Arie einer italienischen Oper singt, nehmen ein Mann und eine Frau Speisen zu sich. Nach dem Einschenken eines Getränkes und der Feststellung, dass das Vorgängerrestaurant nicht so gut gewesen sei, erkundigt sich der Mann bei der Frau, ob ihr denn das Essen schmecke. Sie entgegnet, dass es gut schmeckt und richtet die gleiche Frage im Anschluss an den Mann. Nach der Bestätigung, dass auch ihm das Essen schmecke, fängt er an über den Zusammenhang von Essen und Erotik zu sinnieren. Dabei kann nicht nur eine Rolle spielen was man isst, sondern auch wie man es isst. Allem Anschein nach scheint der Mann eine akademische Ausbildung genossen zu haben und führt als Beispiel die aphrodisierende Wirkung von Pfefferminztee ins Feld, welche schon die alten Griechen feststellten. Die Frau scheint leicht genervt und schlägt deshalb vor das Thema zu wechseln. Scheinbar ohne jeglichen Bezug sagt der Mann daraufhin folgenden Satz: „Meine geschiedene Frau hat, äh, viel weniger Falten als Sie und ist trotzdem nicht halb so attraktiv."
Aus Protest oder Entsetzen fällt der Frau die Gabel aus der Hand und das Stück verklingt.[81]

<u>Interpretation</u>

Strunk überzeichnet in diesem Fall die Eloquenz von Akademikern. Er lässt den Mann genau mit der Stimme sprechen, die er auch für den Arzt in einem anderen Kurzhörspiel verwendet. Dieser merkt selbst gar nicht, wie er die Frau mit seinem angelesenen Wissen nervt. Zu allem Überfluss fällt dann auch noch der Satz über seine geschiedene Frau. Dies alles zeigt das Unvermögen zur wirklichen beidseitigen Kommunikation seitens des Mannes auf. Er will die Frau beeindrucken mit Wissen über den Zusammenhang von Essen und Erotik. Zwar ist bei der ersten Nachfrage, ob denn das Essen schmeckt noch eine angenehme Atmosphäre spürbar, im weiteren Verlauf jedoch,

---
[81] In der Terminologie der Musiktechnologie spricht man hierbei von einem *fade-out*.

verzettelt sich der Mann und versucht die Frau krampfhaft mit dem schon geschilderten Wissen zu beeindrucken. Zwischendurch bestellen beide beim Ober noch ein Glas Wasser (Frau) und ein Viertel Chianti (Mann) Die völlige Unfähigkeit des Mannes wird dann am Schluss mit dem Fallenlassen der Gabel durch die Frau quittiert. Was danach geschieht bleibt für den Hörer offen.

Die Wahl der Hintergrundmusik für diesen Audio-Sketch ist ebenfalls mit der Etikette des Gebildeten behaftet. An der Musik selbst ändert sich während des weiteren Verlaufs nichts. Sie ist in diesem Fall wirklich lediglich als Hintergrundmusik und damit als dem Wort dienend eingesetzt. Es erklingt vermutlich ein berühmter italienischer Tenor, der nur von gut situierten Bürgern in der Oper bewundert werden kann. Hierdurch wird die Etikettierung mit einer gewissen Privilegierung vollends komplettiert.

4.2.2. Songs

4.2.2.1. *AA-Fingers*

Album: *Der Schlagoberst kommt* (1999)
Dauer: 2:20 Min.

<u>Sujet</u>

Dieser Titel fällt wohl unter die noch recht junge Rubrik des Genres „Spoken-Word", welches sich stark an der Darstellenden Kunst bzw. literarischen Ästhetik orientiert. Hierbei wird ein gesprochener Text mit Musik unterlegt um eben diesen noch mehr zur Geltung kommen zu lassen. Zunächst erklingt ein Klavier, welches arpeggierte Akkorde spielt und nach und nach von einem Kontrabass, einem Cello und einer leisen perkussiven Begleitung ergänzt wird. Entgegen der Erwartung auf einen ernsten oder gar traurigen Textes, welche die erklingende Musik schürt, setzt der Sprecher (Heinz Strunks alias *Jürgen Dose*) mit einem Text über das Unglück von nach Kot riechenden Fingern und die damit verbundene gesellschaftliche Ausgrenzung ein. Das Geschehen dramatisiert sich immer mehr: Zunächst sitzt der Leidtragende ganz harmlos auf der Toilette und liest eine Zeitung. Dann jedoch wischt er sich das Gesäß aus Versehen mit einlagigem Klopapier ab und seine Finger kommen mit dem Exkrement in Berührung. *Jürgen Dose* spricht in der zweiten Person über jemanden, der jedoch nicht genau benannt wird.

Es folgen weitere Metaphern und Beispiele für die Stigmatisierung von Menschen, welche nach Exkrement riechende Hände nicht mehr zu gesellschaftlich konventionellen Vorgängen einsetzen können und damit auf eine Außenseiterrolle reduziert werden.

Gegen Ende trägt das Stück wieder autobiographische Züge da Strunk die Leiden einer alten Frau beschreibt, die allein in ihrer kleinen Wohnung raucht und ebenfalls jenes Schicksal der *AA-Fingers* durchleidet.[82]

Im Anschluss hieran verklingt das Stück mit einer dezent-perkussiven Begleitung.

---

82 Erinnert an das in *Fleisch ist mein Gemüse* beschriebene Leiden von *Heinzers* Mutter.

Analyse/Interpretation

Aus musikalischer Sicht geschieht in diesem Stück etwas nach den bisher vorgenommenen Analysen Ungewohntes: Fast klassisch anmutend setzt ein Klavier mit einem arpeggierten Lauf über die Tonika C-Dur gefolgt von der tP Es-Dur, über die tp Es-Moll, die tP Es-Dur mit kleiner Sekunde im Bass, die Groß-Terz-Mediante As-Dur, über die Dominante der Dp H-Dur hin zur tP Es-Dur.
Als funktionsharmonische Akkordfolge ergibt sich somit folgender Ablauf: (Abb. 1)

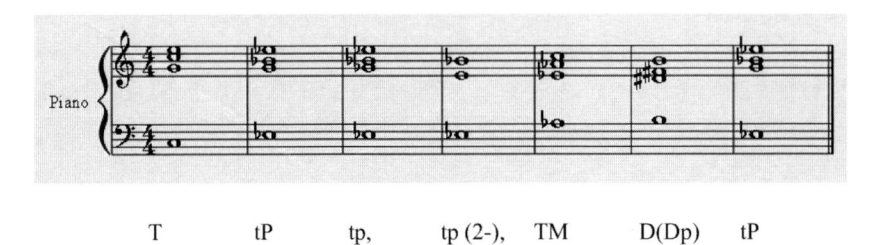

T   tP   tp,   tp (2-),   TM   D(Dp)   tP

Arpeggio:
(Abb. 2)

Die folge wird einmal vom Klavier vorgestellt und dann beim folgenden Durchlauf durch folgende sich wiederholende perkussive Figur ergänzt:

(Abb. 3)

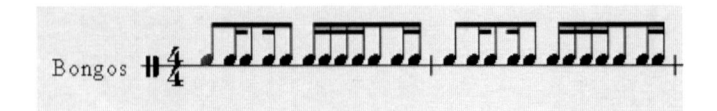

Zudem setzt das gesprochene Wort am Anfang des zweiten Durchlaufs ein, wobei, der Kontrabass jeweils durch glissandierende Akzente auf der ersten Zählzeit erklingt. Nach Ablauf des zweiten Durchgangs erklingt ein alternativer Teil:

(Abb. 4)

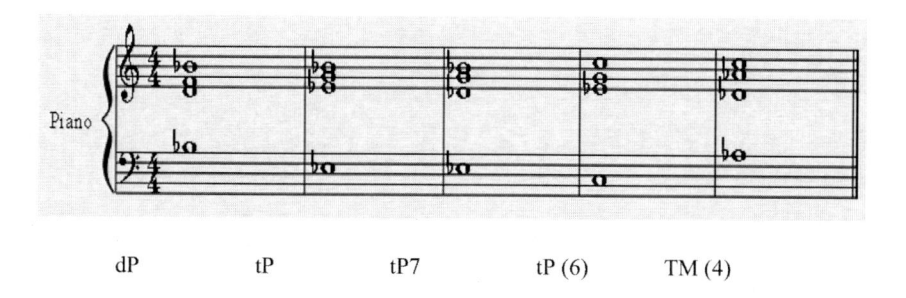

```
       dP         tP        tP7       tP (6)     TM (4)
```

Nach zweimaligem Durchlauf erklingt die erste Akkordfolge wieder mit einem zusätzlichen Cellolauf. Im Anschluss hieran erklingen ausschließlich Klavier und Percussion für sich in den Akkorden: Des-Dur und Ges-Dur. Nach zweimaligem Durchlauf setzt der Kontrabass wieder glissandierende Akzente und auf Ges-Dur erklingt die übermäßige Septime f im Bass.

Wirkung

Hinsichtlich der Wirkung dieser musikalischen Mittel im Kontext des Textes und der Art des Vortrags lässt sich Folgendes feststellen:
Im Vergleich zu den bisher getätigten Analysen weist die musikalische Gestaltung enorme Eigenständigkeit. Während in den Kurzhörspielen mit oder ohne musikalische Thematik lediglich auf bereits existierende Kompositionen zurückgegriffen wurde, zeigt Strunk hier Fähigkeiten zur Anlage eigener Stücke, welche qualitativ weit über die Qualität der verwendeten Zuspielmusik hinausgeht. Im Interview zeigt sich Strunk jedoch verwundert, dass bei dem vorliegenden Stück sogar eine harmonische Analyse vorgenommen werden kann. In diesem Punkt gelangt man dann auch zum erst Ansatzpunkt einer Interpretation: Der Text wirkt für sich isoliert banal. Jedoch wird durch den Kontrast einer fast klassisch anmutenden Klavierstudie mit leichter Begleitung ein komischer Effekt erzielt. Strunk dekontextualisiert die musikalische Form und nimmt ihr durch den angesprochenen Text jede Ernsthaftigkeit. In diesem Punkt greifen auch viele Überlegungen aus

dem theoretischen Teil dieser Untersuchung: Zum Einen begeht Strunk den Rahmenbruch keinen ernsten Text über diese Art der Musik zu sprechen und spielt damit mit den Erwartungen des Hörers. Außerdem belegt er die freudsche Vermutung darüber, dass der Gegenstand des Komischen selbst gar nicht komisch sein muss.

Zusammenfassend lässt sich also feststellen das die Wirkung dieses Kurzhörspiels vor allem aus dem Kontrast von Text und Musik resultiert.

4.2.2.2. *Schokospiele mit Ursula*

Album: *Einz* (2003)
Dauer: 2:17 Min.

Sujet

Bei diesem Stück handelt es sich um eine Adaption des Schlagers *Die rote Sonne von Barbados* von den *Flippers* Ein Ansager fordert zur nächsten Tanzrunde auf und wirkt wie ein Alleinunterhalter auf einer Hochzeits– bzw. Geburtstagsfeier. Dann singt selbiger zu einem rumpeligen Playback einen neuen Text auf die Melodie des oben genannten Schlagers. In dem Text geht es um die Erinnerung an eine Begegnung mit einer Frau, die der Singende an einem heißen Tag im letzten Sommer kennengelernt hat. Sie steht an der Straße und ihr Daumen zeigt in Richtung Süden. Sie fragt ihn: „Willst du mit mir geh´n?" Anschließend wird das Aussehen der Frau beschrieben: Sie trägt lange, lockige Haare und hat Blumen auf den Schuhen. Jedoch verbergen sich hinter diesem Blümchen-Antlitz geheime Wünsche nach „verbotenen Dingen". Im Refrain ist dann von den *Schokospielen mit Ursula* die Rede, die assoziativ die Ausübung analer Geschlechtspraktiken vermuten lassen. Details werden schließlich auch textlich näher ausgeführt. Der Sänger beschreibt die Erlebnisse mit jener Ursula als Paradies und einzigartige und wunderbare Erfahrung. Im weiteren Verlauf wird geschildert, dass die Beiden den Sommer zwar noch zusammen verbrachten, dieser aber viel zu schnell vorbeiging. In Erinnerungen schwelgend wird sich an das Verfassen „brauner Briefe" und an mancher wache Nacht erinnert. Erneut erklingt der Refrain, wobei in der zweiten Hälfte nicht mehr Text gesungen, sondern nur noch Melodielinien ohne Text intoniert werden. Das Stück verklingt mit drei abschließenden Glockenklängen und einer leisen Verabschiedung: „Tschau, tschau!"

Analyse/Interpretation

Berücksichtigt man die biographischen Erkenntnisse aus Strunks Roman *Fleckenteufel*, in dem von einer „Nougathöhle" und ersten geschlechtlichen Erfahrungen in der Pubertät die Rede ist und die oft herangezogene Affinität zum Schlager (*Fleisch ist mein Gemüse*) ist dieser Titel quasi eine Verschmelzung aus nahezu allen für Strunk wichtigen Spielbereichen seines kreativen Schaffens.
Warum jedoch ausgerechnet dieser Schlager Adaptionsgrundlage herhalten musste erklärt Strunk wie folgt: Ähnlich wie im Stück *Alternative* legte Strunk kein Augenmerk auf die sinnvolle Auswahl eines Stückes, sondern wählte ein beliebiges Beispiel um „mal Einen aus dem Schlagerbereich zu machen".[83]
Dabei bedient sich der Musiker auch dem halbherzigen Mitsingen der Melodie und bemüht sich kaum das Stück korrekt zu Ende zu singen. Er versickert im Vor-Sich-Hin-Trällern des Liedes. Als Miniatur-Studie über die Tristesse des Jobs als Alleinunterhalter zeichnet Strunk in diesem Beispiel eben jene originalgetreu nach und weckt beim Hörer die ein oder andere Erinnerung an vergangene Familienfeiern oder andere verwandtschaftlich bedingte Anlässe. Dabei handelt es sich nicht einmal um eine Live-Band, welche das Stück spielt, sondern um ein schlampig produziertes Playback, zu dem Strunks schiefe Gesangeinlagen passen. Diese Szenerie erinnert an die in „Fleisch ist mein Gemüse" beschriebene Gleichgültigkeit des Publikums gegenüber der Qualität der vorgetragenen Musik und den dazugehörigen Instrumentalisten.[84]

---

[83] s. Anhang, S. 84.

[84] „Tanzmusiker" rangieren in der Hierarchie noch unter Aushilfskellnern. (Strunk 2004, S. 38)

4.3. Kurzhörspiele mit musikalischer Thematik

4.3.1. Zuspielmusik

4.3.1.1. *Sterbeseminar*

Album: *Mutter ist ein Sexmaschien* (2010)
Dauer: 1:46 Min.

Sujet

Das Stück beginnt mit atmosphärischen Rauschen, das womöglich in einer Kirche aufgenommen wurde (Stühle rücken, leises Sprechen, viel Hall), und eine tiefe und sonore Stimme beginnt über ein neu angebotenes Seminar zu sprechen. Es handelt sich um das eintägige Sterbeseminar „Ruhe sanft". Auf diesem Wort setzt eine Orgel ein und begleitet den Vortrag bis zum Schluss. Der Leiter des Seminars wird in Person des Diplombestatters Bernhard Fisch vorgestellt und mit einem Originalzitat eingeführt: „Gestorben wird immer!"[85]

Dann wird näher auf den Inhalt des Seminars eingegangen: So können in dem Seminar alle Fragen rund um Sterben „sachlich und informativ"[86] diskutiert werden. Als erster Aspekt wird die angemessen Kleidungswahl für den Sterbenden ins Visier genommen: Dabei reicht die Palette von Seide bis Jeans. Bei der Auswahl sollte man dann allerdings „einfach nach Feeling gehen".[87] Herr Fisch empfiehlt ruhig eine frische Farbe zu nehmen. Auch hinsichtlich der Wahl des Sargs gibt es einige Punkte zu beachten: So sollten keine Dschungelhölzer ausgesucht werden, denn diese sind nach wie vor „tabu".[88] Auch das „Lied zum Tod"[89] sollte sorgfältig ausgewählt sein und banale Inhalte vermeiden. Als vorletzter Punkt wird die Frage nach dem Leichenschmaus gestellt: „Gibt es den überhaupt noch?"[90] Man sollte, laut Bernhard Fisch, ein letztes Mal das Lieblingsessen des Leichnams essen. Aber auch um die Bestattungsart müsse intensivst nachgedacht werden: Dabei

---

[85] Strunk 2010, Titel 22.

[86] Ebd.

[87] Ebd.

[88] Ebd.

[89] Ebd.

bietet sich die Seebestattung als „maritime Lösung für Wasserratten und zukünftige Geizhälse"[91], die typische Erdbestattung als zwar nicht ganz billiger aber dennoch beliebter Klassiker und die anonyme Bestattung an. Bei letzterer kann man dann ungestört seinem „Abgang entgegen fiebern".[92] Der Diplombestatter spricht aber in diesem Zusammenhang davon, dass Sterben immer noch bezahlbar bleiben muss und deshalb die verschiedenen Bestattungsarten vorher mit dem Sterbenden diskutiert werden müssen bzw. sollten. Abschließend wird nochmals hervorgehoben, dass der Seminarleiter Bernhard Fisch auf alles eine Antwort hat. Erst am Schluss wird die Musik mehrstimmig. Das Stück verklingt.

Analyse/ Interpretation

Das Stück stellt eine Form des schwarzen Humors dar. Wenn es bei Seminaren immer um die Verbesserung in bestimmten Bereichen, z.B.: bei Coachings in Sachen „social skills" geht beschäftigt sich dieser Audio-Sketch mit dem Fall bei dem schon alles zu spät ist: nämlich mit dem Tod. Die frische und kommerzielle Ansprache als Werbung für das Seminar erzeugt jedoch einen komischen Kontrast. Ein eigentlich ernstes Thema wird ins Lächerliche gezogen: Wörter wie: „Wasserratten", „nich´ auf die Mark gucken" wirken in diesem Zusammenhang unangebracht und bewirken in Verbindung mit dem musikalischen Vortrag an der Orgel sehr befremdlich und können somit als erneutes Beispiel eines Rahmenbruchs im Sinne Goffmans gesehen werden. Strunk hat die Atmosphäre eines Kirchenraums in Verbindung mit erklingender Orgelmusik bei einem Gottesdienst eingefangen. Das Orgelmotiv wiederholt sich dabei bis zum Schluss ständig wieder und erst mit den letzten Worten erklingt ein mehrstimmiger Satz.[93] Der Spot hebt ab auf die Kritik an ständigen Workshops zu Modeerscheinungen: Yoga, „Wie pflücke ich Erdbeeren im Kopfstand" etc. Genau an dem Punkt, an dem der Mensch jedoch machtlos ist, setzt dann dieses Sterbeseminar an und führt seinen Inhalt eigentlich selbst ad absurdum. Schließlich ist es für Verwandte und Bekannte eher ein notwendiges Übel sich mit den Formalien einer Bestattung auseinanderzusetzen. Angepriesen wird jedoch regelrecht die Lust am Nachdenken über die richtige Kleidung oder die

---

90 Ebd.

91 Ebd.

92 Ebd.

93 *Strunk* selbst konnte die Komposition auch im Interview nicht genau benennen. (Strunk 2012)

Bestattungsart. Dass dabei die Orgel als erklingendes Instrument zur musikalischen Darstellung und Versinnbildlichung des Todes gewählt wurde hat auch musikhistorische Gründe.[94]

So wird also seitens der Musik das trauernde und damit ernsthafte Element verstärkt. Durch die Wortwahl des Textes wird jedoch schnell ersichtlich, dass es sich um eine Persiflage auf das Thema Tot handelt. Der Sketch hilft, dass Thema aus einem anderen Blickwinkel zu sehen und den Tot zu entmystifizieren, in dem man ihn der Lächerlichkeit preisgibt. Man fühlt sich ebenfalls an die Grenzen der Geschmacklosigkeit von Reklamen für Bestattungen erinnert:

(Abb., Quelle: http://stevinho.justnetwork.eu/2011/07/19/werbung-fur-bestattungsunternehmen/)

---

94 Zu denken ist hierbei an das Requiem als Komposition für das Totengedenken innerhalb der christlichen Liturgie.

4.3.1.2. *Technogirlie*

Album: *Der Schlagoberst kommt*
Dauer: 1:03 Min.

Sujet

Ein Rentnerehepaar sitzt zusammen, vermutlich in der Wohnstube und die Frau versucht sich an einem Kreuzworträtsel, während der Mann fern sieht. Die Frau stellt dem Mann Fragen: Fraueninstrument mit 5 Buchstaben? Antwort: „Harfe!" „Stimmt!" Nach weiteren Fragen seitens der Frau z.B.: nach einem Fluss mit 5 Buchstaben wirkt der Mann schon leicht genervt und antwortet mit gereiztem Unterton. Während dessen erklingt die ganze Zeit Musik in Form einer mit Musik unterlegten Fernsehsendung, wahrscheinlich Schlager- oder Volksmusik. Nach den weiteren Fragen will der Mann schließlich das Lösungswort wissen.[95] Nach einer Pause sagt die Frau: „Technogirlie!" Der Mann echauffiert sich und stellt fest, dass doch alle verrückt geworden seien.

Interpretation

Wie schon bei der „Alternative und bei James Last" ist hier ein Spiel mit Klischees feststellbar. Das Leben eines Rentnerehepaars wird auf das Lösen von Kreuzworträtseln, das Schauen von Schlagersendungen und deren Unmut über neue Entwicklungen, in diesem Fall in der Musikszene, reduziert. Die Musik fungiert in diesem Kurzhörspiel in zweifacher Hinsicht: Zum Einen ist sie wie schon bei *Die Alternative* Hintergrundmusik, die passend zum Klischee der von Rentnern konsumierten Musik passt. Andererseits ist sie auch Thema des Kreuzworträtsels, welches unter anderem die Frage nach einem Orchester– bzw. Fraueninstrument enthält. Gleich zwei Mal ist das Wort „Harfe" Lösungswort.[96] Natürlich lässt sich damit auch eine gewisse Gender-Thematik verbinden: Die Autoren des Rätsels stuften die Harfe schließlich als typisch weiblich ein. Das letztendliche Lösungswort *Technogirlie* führt schließlich zum völligen Entsetzen des Mannes.

---

[95] In vielen TV-Zeitschriften gibt es Mini-Kreuzworträtsel, bei dem einzelne Felder mit Buchstabe versehen wiederum ein großes Lösungswort ergeben.

[96] Die Harfe kann in diesem Fall auch als Symbol des Lebensabends interpretiert werden. Assoziativ wird dieses Instrument vor allem mit einer Engel-Symbolik verbunden. (Quelle?)

Musik scheint also einerseits das Vehikel zu sein um sich ironisch mit neuen Entwicklungen innerhalb der selben auseinanderzusetzen und andererseits ein Klischee zu komplettieren und sich im Anschluss lustig zu machen. Natürlich geht es in diesem Kurzhörspiel um verschiedene musikalische Formen: Die Musik einer Schlagerparade im Fernsehen als Hintergrund (dem Wort dienend), die Frage nach einem Orchesterinstrument für Frauen und das Wort *Technogirlie* als Erscheinung einer neuen musikalischen Bewegung in der unterhaltenden Musik. Das Aufeinanderprallen dieser Ebenen in einem Kontext kann nur komisch und damit als befremdlicher Rahmenbruch im Sinne Goffmans wirken.

Aus dramaturgischer Sicht wir das Geschehen durch die Fragen der Frau und die darauf folgende immer genervter wirkenden Reaktionen des Mannes dramatisiert. Mit der Feststellung „Die sind doch alle verrückt geworden jetzt!" Bringt der Rentner seinen Unmut über diese neuesten Entwicklungen in der Musik zum Ausdruck. Er hätte ebenso gut sagen können: „Wenn man den ganzen Bands mal den Saft abdreht können die auch nix mehr!"[97]

Musikalische Entwicklungen sind somit als Anzeichen einer negativen Progression zu deuten, welche universell austauschbar durch ähnlich konnotierte und stigmatisierte Elemente des Fortschritts, wie z.B.: Computer oder Handys, sind.

4.3.1.3. *Das Move*

Album: *Einz* , Titel 27
Label: *Nobistor* (*Indigo*)
VÖ: 07.07.2003
Dauer: 0:24 Min.

Sujet

In diesem kürzesten aller Kurzhörspielen von Heinz Strunk wird eine Situation auf der Loveparade nachgestellt bzw. künstlich inszeniert.[98] Eine Stimme erklingt durch ein Megaphon und ist umgeben von harten Techno-Klängen und Feuerwehrsirenen. Der Raver brüllt von einem aus TV-

---

[97] Die Antwort der Frau auf die Frage hin, wie denn das Lösungswort heißt, evoziert zumindest erst einmal die Reaktion des Mannes und damit auch das kontrastive und damit komische Element des Sketches.

[98] Derartige „Kurzstücke" gab es bereits in der Musik der 1920er-Jahre: Komponisten wie G. Antheil sind als Begründer dieses dadaistischen kurzen Stils anzuführen. (Quelle?)

Übertragungen zur Loveparade bekannten bunten fahrenden Wagen herunter. Er bittet einige Leute doch bitte aufzuhören sollen den Wagen mit Wasserpistolen vollzuspritzen bzw. das Mobil komplett „einzusauen". Bei genauem Hinhören ist die Stimme zur Techno-Musik vernehmbar: Sie spricht mit Versatzstücken wie „Happy Dancing!" oder „Allright" und ist eindeutig als Strunks Stimme identifizierbar. Mit der Aufforderung nach der Unterlassung der Verschmutzung wird das Stück dann auch einfach ausgefadet.

Interpretation

Die Musik ist in diesem Fall also wieder dem Wort dienend und schafft die akustische Umgebung in der das Geschehen als solches stattfindet. Ein *Move* ist dabei ein Fachbegriff aus der Terminologie der Technoszene.[99]. Gemeinhin gilt die *Loveparade* als ein Fest der Freiheit und des Ausgelassen-Seins. Strunk baut jedoch spießige Anwandlungen in die Szenerie ein um vor Augen zu halten, dass es gerade in solchen Bereichen, in denen man am wenigsten mit einem solchen Konservativismus rechnet, selbigen gibt. Gemeint ist der Raver, der andere davon abhalten will, seinen Wagen „vollzusauen". Sinnbildlich könnte dies auch ein Mercedes-Besitzer an einem Samstag-Morgen in seiner Kiesauffahrt vor seinem noch nicht ganz abbezahlten Haus sein, der einige Jungen davon abhält Wasserbomben auf seinen Boliden zu werfen. Und das obwohl Wasser das Fahrzeug reinigt. In jedem Falle handelt es sich hier erneut um einen Rahmenbruch im Sinne Goffmans: Eine erste Interpretation könnte lauten: Ein Spießer befindet sich unter den vielen feierwütigen und toleranten Ravern und stört deren freiheitliche Bestrebungen sabotieren will.Eine andere Möglichkeit liegt in der Einschleusung eines Spions, der die *Loveparade* ablehnt und versucht Spaltungen unter den Anhängern hervorzurufen und damit das Ereignis an sich zu stören.

---

99 Vgl. dazu Petschulat, Jens:*Techno, Gothic und HipHop: Musikorientierte Jugendkulturen im soziologischen Vergleich*, München 2006, S. 84.

4.3.2. Songs

4.3.2.1. Jochen-Schmidt-Song

Album: *Mutter ist ein Sexmaschien* (2010)
Dauer: 3:00 Min.

Sujet

Das Kurzhörspiel „Jochen Schmidt" ist unterteilt in einen einleitenden Sprechteil und einen anschließenden Song.
Zwei Brüder stellen sich anfangs unter dem Namen die *Original-Mös-Buam* vor. Sie heißen Horst und Jens, wobei Horst der Wortführer ist und Jens nur kurz zu Wort kommt. Erzählt wird der tragische Tod des Musikers Jochen Schmidt, der über 14 Jahre lange Bandleader der Tanz- und Showband *Boarding-Time* war.[100] Die beiden Brüder bezeichnen sich selbst als Ex-Kollegen Schmidts. Diesem sei auch der folgende Song gewidmet.
Schmidt sei letztes Jahr bei einem tragischen Arbeitsunfall gestorben: Und zwar hatte ein Roadie[101], der auch namentlich als *Wolle Felpsing* benannt wird, bei dem Aufbau der örtlichen Lichtanlage nur ungenügende Sicherheitsvorkehrungen getroffen. Es löste sich ein Leuchtelement (Spotlight) und traf Jochen unglücklich am Hinterkopf. Der Musiker starb quasi „live on stage". Die beiden Brüder informieren den Hörer darüber, dass der Roadie seines Lebens nicht mehr froh werden soll und dass sie selbst dafür sorgen werden. Sie grüßen dessen hinterbliebene Frau Silke und kündigen an die Erlöse des Songs ihr zu spenden. Horst berichtet zudem davon, dass Jochen und Silke gerade erst gebaut haben. Dann ereifert sich Jens noch einmal und zwar dahingehend, dass Wolle im Zivilprozess nur drei Monate auf Bewährung bekommen hat und wird im Weiteren oft als „Schwein" oder „Drecksau" betitelt.
Dann geht es um den Inhalt des folgenden Musikstücks: Der Song soll die Lebensleistung von Jochen Schmidt würdigen und ehren. Zur Stilistik des Stücks äußert Horst, dass es ein bisschen von

---

[100] Parallele zu *Fleisch ist mein Gemüse*.

[101] Assistent für den Bühnenaufbau und das Stimmen von Gitarren, für Soundchecks etc.

Karel Gott inspiriert sei.[102] Er lobt eben jenen Gott als jemanden, der die deutsche Musiklandschaft entscheidend beeinflusst hat, obwohl er doch eigentlich Tscheche ist.

Musikalische Analyse

Als Instrumente erklingen in diesem Stück Schlagzeug, Orgel, Akkordeon und ein Synthesizer. Diese sind dabei relativ frei metrisch gesetzt und holpern, das ernste Thema konterkarierend, dahin. Das Schlagzeug spielt keinen Rhythmus, sondern bedient sich lediglich der freien Improvisation auf Becken und Trommeln. Nur die Kernmelodie, welche abwechselnd in der Orgel, dem Synthesizer und im Gesang erklingt, ist als solche auch wirklich erkennbar. Zwischen Singen, Sprechen und Schluchzen bewegt sich auch die Stimme. Mit zunehmender Verzweiflung und Traurigkeit trägt diese Arten der Beschäftigungen vor, denen man mit Jochen Schmidt so gut nachgehen konnte. Im weiteren Verlauf gibt Horst fast ganz auf und fordert ein Solo von Jens, weil er vor Weinen und Schluchzen kaum noch singen kann.

Interpretation

Vor dem Hintergrund der Biografie Strunks ist der Bezug zur Tanzmusik erneut erkennbar: Wie wohl in der Szene üblich respektiert man seine Kollegen und zollt ihnen Tribut anstatt sie mit Neid zu bekämpfen. Tanzmusik ist schließlich ein hartes Geschäft. Absurd erscheint jedoch die Story, dass ein Kollege von einem lockeren Spotlight auf der Bühne erschlagen wurde. Hat Strunk diese Geschichte irgendwo aufgeschnappt?[103] En passant wird das Schicksal so vieler Show-Band-Mucker aus der Provinz beschrieben: Sie verdienen sich ihr Geld mit eben diesen „Mucken" und können dann mit ihrer Frau ein Haus bauen. Das Stück erfüllt also wieder alle Klischees: Die „rotzig" wirkenden Stimmen passen zum Milieu der von Strunk beschriebenen Tanzmusikszene und auch der musikalisch „schwache" Vortrag ist beabsichtigt um eben dieses Bild des Provinzmusikers zu etablieren und zu stärken. Musik ist damit auch in diesem Stück auf zwei unterschiedlichen Ebenen wirksam: Als Thema und als akustisches Ereignis selbst. Im ersten Fall wird das Schicksal eines befreundeten Tanzmusikers beschrieben und näher auf Karel Gott als Galionsfigur des deutschen Schlagers gelobt, obwohl er aus Prag kommt. Der Song selbst nimmt

---

102 Bei dem Stück handelt es sich um eine Adaption des Titels „Babicka", dass von Ralph Siegel komponiert wurde. (Strunk 2012)

103 Strunk äußert im persönlichen Interview, dass diese Geschichte frei erfunden ist. (Strunk 2012)

sich dann das vorgetragene Schicksal zum Thema und wird scheinbar aufgrund der Trauer dem absurden Schicksalsschlag Schmidts nicht wirklich gerecht. Aber die persiflierende Intention und der Rahmenbruch werden damit komplettiert.Außerdem spiegelt sich in diesem Stück erneut ein Beispiel für Strunks Fähigkeit zur Rollendistanz, welche von Helga Kotthoff hinsichtlich der Begabung für humoristische Vorgänge als sehr wichtig erachtet wurde. Schließlich stellt das Stück auch eine Reflektion auf die Gepflogenheiten im Tanzmusikgeschäft dar, die von Strunk zur Genüge erlebt worden sind. Auch in diesem Falle ist die Musik ein wichtiges kontrastierende Moment ohne den der eigentlich traurige Gegenstand des Textes keine komische Wirkung erzielen könnte.

4.3.2.2. *Alarmstufe-Rahmstufe-Song*

Album: *Mutter ist ein Sexmaschien*
Dauer: 5:53

Sujet

Bei diesem Stück handelt es sich um eine Mischform aus Hörspiel und Song. Der Titel startet mit einer Probesituation in einer Kneipe: Männer unterhalten sich und sind in freudiger Erwartung, ob des Besuches ihres Idols Heinz Strunk. Aus der Gruppe kristallisiert sich ein Wortführer heraus, der die Leitung des „Heinz-Strunk-Fanclubs" inne hat. Dieser kündigt an, dass nun das speziell für den erwarteten Besuch komponierte Lied einstudiert werden soll. Schließlich kommt der Künstler schon in einer Stunde. Die gesamte Situation kommt zwar ohne musikalische Untermalung aus, jedoch herrscht ein wahres Stimmenwirrwarr aus den verstellt eingesprochenen Stimmen Strunks, die jeweils einen beteiligten Musiker darstellen sollen. Die Gemeinde ist sich darüber einig, dass Strunk „über die Jahre immer geil abgeliefert hat" und dass die Gruppe selbst nicht aus Berufsmusikern besteht, der Song jedoch von Herzen kommt.[104]

---

[104] Ironische Bemerkung einer Stimme zum Begriff „Song": „Das heißt Lied. Wir sind hier immer noch in Deutschland." Zurückzuführen ist dies auf das womögliche Mithören Strunks eines solchen Gesprächs zwischen latent rassistischen Menschen mittleren Alters.

Im Anschluss werden die einzelnen Musiker vorgestellt: Dabei wird das Akkordeon als „Quetsche" und für die Tonart zuständig bezeichnet und ein Musikerspruch eingestreut: „Der Eine spielt Bass, der andere besser."[105]

Zu diesen Instrumenten gesellt sich die Basstrommel: „Der Rhythmus, wo jeder mit muss!" und die Gitarre, die vorher absichtlich fälschlicherweise als „Giraffe" bezeichnet wird.[106] Außerdem wird absichtlich und fälschlicherweise von „Sich-Mühe-Kriegen" im Bezug auf die Erarbeitung des Stückes gesprochen. Die anderen Gruppenmitglieder ereifern sich nun langsam aber sicher über den Wortführer: Sie wollen endlich mit der Einübung des Stückes beginnen.

Nach nochmaligem Herauszögern erklingt dann „Take One" des Stückes *Alarmstufe Rahmstufe*: Das Stück behandelt im Groben den Schlankheitswahn und wir wieder umrahmt von einer anschließenden Beurteilung durch die Beteiligten.

Analyse/Interpretation

Das Stück selbst ist in sehr schlichter Form gehalten: funktionsharmonisch bewegt sich alles zwischen den Polen Tonika, Dominante und Subdominante. Als typisches Element der vom Schlager und Shanty beeinflussten Musik wird ab der Mitte des Liedes der melodische Verlauf um einen Ganztonschritt nach oben transponiert. Interessant bleibt jedoch die multiple Referenzialität der Musik: Zum Einen ist sie Thema unter den beteiligten Akteuren: Sie soll als eine Art Ehrung für Heinz Strunk sein. Strunk nimmt sich also quasi selbst wieder aufs Korn, da er sich selbst eine Hymne schreibt, die mehr schlecht als recht „dahin rumpelt" und musikalisch kaum ambitioniert zu sein scheint. Auch der textliche Inhalt lässt kaum auf einen Lobgesang schließen, sondern handelt vielmehr von Fettleibigkeit und den sich daraus ergebenden Diskussionen unter Ernährungsberatern. So ist Musik zunächst also vor allem ein Gegenstand des Humors: Absichtliche Versprecher („ Giraffe" statt „Gitarre") bilden das Setting in dem die Musiker das Stück proben wollen. Hierbei kristallisiert sich vor allem die musiksoziologische Komponente von Musikersprüchen und die damit verbundenen Klischees als sehr interessant heraus. Dann erklingt Musik an sich, doch das Setting aus vielerlei unterschiedlichen Stimmen wird dennoch beibehalten. Das Lied erklingt absichtlich schief mit falschen Tönen und Betonungen um folgenden Rahmenbruch zu begehen: Es soll eigentlich ein Künstler durch einen Fanclub geehrt werden. Doch

---

105 Strunk 2012.

106 Sollte eine witzige Formulierung werden wird aber von den Gruppenmitgliedern abgelehnt und als peinlich eingestuft.

anstatt die Komposition exakt auszuarbeiten erklingt ein chaotisch anmutendes Konglomerat aus Stimmen und dilettantischer Musik, die wohl kaum jemanden ehren kann. Doch genau hier liegt das Ironische und Selbstreflexive: Strunk gibt sich zwar zunächst dem Narzissmus hin, einen Song für sich zu schreiben und ihn durch die von ihm eingesprochenen Charaktere vortragen zu lassen, führt dies aber wieder ins Absurde, in dem er dem Ganzen einen obsoleten Inhalt und eine kaum vorhandene Dramaturgie verleiht. Musik ist also an dieser Stelle vor allem ein Instrument der Ironie und kann in diesem Zusammenhang wohl nicht als eigenständige Kunstform deklariert werden. Jedoch durchdringt sie als Thema die gesamte Szenerie und rechtfertigt somit ihren Stellenwert als kritisches Element: Narzissmus wird durch die Fähigkeit zur Selbstreflexion und durch den musikalischen Gegenstand selbst zu einer ironischen Gesamtaussage geführt, wobei der musikalische Anteil erneut ein wichtiges Mittel zur Komplettierung einer komischen Wirkung unter Hinzunahme eines vollzogenen Rahmenbruchs darstellt.

4.4. Sonderformen

4.4.1. *Begrüßung*

Album: *Spaß mit Heinz* (1993)
Dauer: 1:57 Min.

Beschreibung

Heinz Strunk spricht die Hörer seiner Kurzhörspiel-CD *Spaß mit Heinz* direkt an. Seine Stimme ist belegt mit einem amerikanischen Akzent. Er berichtet über eine fiktive Begegnung mit einer dicken Frau, die ihn gefragt haben soll, ob er denn traurig sei. Die Antwort lautet: Nein! Strunk sagt von sich selbst, dass er „eine Happy People"[107] sei und fängt dann an den Chris-Roberts-Schlager „Schöne Blumen bleiben nicht am Wege steh'n" für sie zu singen, wobei der Nachsatz „und auch du schönes Mädchen wirst einmal geküsst"[108] in „und auch du schönes Mädchen wirst einmal gepflückt" geändert wird. Er belässt es bei dieser einen Zeile und beschreibt im Anschluss, wie sich dicke Frau, anscheinend sehr gerührt, zu ihm herunter beugt und ihn küssen will. Jedoch betitelt Strunk die Dame zwischendurch als „diese Stück Fett [sic!]"[109] und bringt seinen Unglauben über den Kussversuch der Dame ihm gegenüber zum Ausdruck. Schließlich roch er an diesem Tag stark aus dem Mund. Dies soll ein dem gängigen Klischee entsprechendes Beispiel dafür sein, dass seine Kurzhörspiele und Lieder die Menschen überall glücklich machen und das auch die Hörer seiner CD sich davon erfassen lassen sollen.

Interpretation

Musik ist in diesem Monolog ähnlich wie bei *James Last* wieder als Thema vorhanden und übernimmt damit eine illustrierende Funktion. Sie dient in diesem Fall erneut der Komplettierung eines Klischees, nämlich einer dicken Frau in den mittleren Jahren, die ständig nur Schlager hört und ein Programm, wie es Heinz Strunk auf seiner CD vorstellen wird, positiv reagiert. Die

---

107 Strunk 1993.

108 Ebd.

109 Ebbd.

Antizipation einer Hörerreaktion findet sich auch in den Romanen Strunks wieder.[110] Außerdem findet sich in der Person der dicken, Schlager hörenden Frau die Darstellerin Rosi aus *Fleisch ist mein Gemüse* wieder.[111]

4.4.2. *James Last*

Album: *Mutter ist ein Sexmaschien* (2010)
Label: *Roof Music*
VÖ: 12.03.2010
Dauer: 2:12 Min.

Sujet

(H)einzig und allein eine leicht zittrige Stimme trägt eine Lobeshymne auf den Musiker, Bandleader und Komponisten *James „Hansi" Last* vor. Dazu wird zunächst behauptet, dass ein Großteil der Musik bzw. was sich heutzutage Musik nennen darf, sein Unwesen treibt und auf „keine Kuhhaut mehr geht". Der Hörer bzw. Konsument schluckt einfach den für ihn produzierten Klangschrott und selbiger verkaufe sich dadurch zu Unrecht millionenfach. Der Sprecher prangert weiterhin in leicht stottrigem Tonfall das Playbackverfahren für den Live-Einsatz von Interpreten, die Anwendung ausgeklügelter Marketingstrategien, sowie die Möglichkeiten der Nachbearbeitung von Stimmen mittels moderner Studiotechnik an. So könne aus jedem „x-beliebigen Stimmchen ein Maria Callas oder Pavarotti" gemacht werden. Durchsetzt ist der Vortrag von absichtlichen grammatikalischen Fehlern und unpassenden Sprechpausen. Nur 0,01% der Musik, die heute noch veröffentlicht wird verdient auch wirklich das Etikett „Musik". Und diese Musik kommt von James Last. Bei Konzerten dieses Musikers stehen sogar Ärzte und Lehrer auf den Tischen und weinen. Der Musiker wird überhöht dargestellt als Messias dessen Jünger die Musiker seines Orchesters darstellen. Ein weiterer Klimax findet sich in der Äußerung, dass „der liebe Gott seine Finger bei

---

110 In *Die Zunge Europas* schreibt Strunk eine Rezension seines Protagonisten Markus Erdmann in den Roman selbst ein. (Strunk 2008, S. 230 ff.)

111 Strunk 2004, S. 18 f.

der Geburt von James Last mit im Spiel gehabt haben muss". Als letzter Vergleich wird dann Johann Sebastian Bach herangezogen. Wenn dieser wiedergeboren werden würde, dann in der Gestalt von James Last. Das musikalische Wissen des Bandleaders und seine Fähigkeit Stücke für unterschiedliche Genres schreiben zu können[112] wird angepriesen. Die Elegie ergießt sich weiterhin in der Beschreibung gefüllter Arenen, in denen James Last spielt und in der Verehrung dessen Orchesters, in dem jeder für sich auch schon ein „großer Star" ist. „Hansi" sei selbst zu unbedeutenden Personen freundlich, habe unzählige schöne Schallaufnahmen gemacht und sei eine Art Vaterfigur für seine Musiker.

Abschließend kommt die letzte Hingabe des Lobenden zum Ausdruck, der auf ein langes Leben des Musikers und weitere schöne und unvergessliche Stunden durch dessen Musik hofft.

Interpretation

Der Fakt, dass es in diesem monologisch konstruierten Kurzhörspiel um einen Musiker und dessen Errungenschaften geht, jedoch kein einziges Musikbeispiel dazu erklingt, lässt schon vermuten, dass es hier um eine ironische Überhöhung eines kommerziell erfolgreichen Musikers geht. Die leicht zitternde Stimme stellt ein übertriebenes „Fan-Sein" dar und wird im Verlauf der Rede immer lächerlicher. Interessant erscheint hierbei der Einsatz der Musik als Sujet des Kurzhörspiels, um eine gewisse „landläufige" Meinung zu hinterfragen. Vergleichbar scheint diese Art der Ironie mit Aussprüchen, wie: „Gregor Gysi ist ein ganz intelligenter Mann" oder „Delphine sind sehr schlaue Wesen: sie kommunizieren über Schallwellen!". Dem Hörer bleibt es selbst überlassen, ob er die Lobeshymne für bare Münze nimmt oder ob er sie humoristisch interpretiert und das Augenzwinkern bemerkt. Eine letztgültige Aussage über die Essenz des Kurzhörspiels kann nicht stattfinden, da der Sinn durch das Kurzhörspiel allein nicht wirklich erschlossen werden kann. Im Interview erklärt Strunk, dass dieses Stück aus der Sicht seines künstlichen Charakters *Jürgen Dose* heraus geschrieben ist. Wenn man die Intention dieser Figur begriffen hat, versteht man auch, warum selbige James Last so gut findet. (Strunk 2012)

Nach Hobl-Friedrich ist dieses Kurzhörspiel als Sonderform einzustufen, da zwar keine Musik erklingt, aber die Musik selbst zum Thema wird und dramaturgisch eingesetzt bis zu einem unüberbietbaren Lob auf James Last reicht. Beim Hören erweckt dies und die Vortragsweise des Lobenden eine Art tiefes Gefühl für James Last. Es wird eine Assoziationskette erweckt, die angereichert ist mit Bildern des Musikers auf der Bühne und von ihm selbst wie er sich großherzig

---

[112] z.B.: „Stücke für Panflöte, modernen Synthesizer oder harte Jazz-Klänge." (Strunk 2010)

mit verschiedenen Menschen unterhält. Ein „Sauber-Mann-Image" wird auf die Schippe genommen und Musik ist das hyperbolische Werkzeug ohne wirklich zu erklingen.

In einem Statement Strunks zu dem Stück selbst wird jedoch deutlich, dass der Monolog ohne jede Bösartigkeit, Zynismus oder auch nur Satire zu verstehen ist.[113]

4.4.3. *Zeit*

Album: *Einz* (2003)
Dauer: 2:51 Min.

Beschreibung

In einer Vortragsatmosphäre (Hustgeräusche, Stühle rücken, kleiner Applaus) setzt eine heruntergepitchte Stimme mit einführenden Worten ein und stellt den Vortragenden kurz vor. Die Stimme stammt ebenfalls von Strunk selbst. Angekündigt wird ein allen Anwesenden bekannter Anthroposoph namens Professor Pfläumlein, der sich auch mit schöngeistiger Literatur beschäftigt und nun ausgewählte Texte der Jahre 1979 bis 2001 unter dem Titel „Symmetrie der Schöpfung" vortragen wird. Musikalisch begleitet wird Professor Pfläumlein von Frau Ulrike Korsen[114] am virtuell-analogen Synthesizer, die spontan zu dem Vortrag improvisieren wird. Dann hebt der Professor zum Vortrag an: Mit stotternder und nervöser Stimme nennt er den Titel des Gedichtes: *Zeit*

*„Du stierst auf deine Füße,
wartest bis sie Blasen werfen.
Ein Weilchen, eine Ewigkeit."*
Auf dem Wort „Ewigkeit" setzen die Synthesizer-Klänge ein.

„Die Frage nach der Zeit.

---

113 Ebd.

114 Auch diesen Charakter spricht Strunk selbst unter Verwendung von Pitching ein.

Sie kann rieseln, rinnen, rollen
gekrümmt sein und gestaucht.
Zeit: das unbekannte Phänomen,
dem ich mich sprachlos nähern will.

Pause: der Synthesizer klingt verzerrter; schweres Atmen

„Im Aufenthaltsbereich ist Aufenthalt verboten.
Absurd wie dieser Satz verhält sich auch die Zeit.
Sekundenschlaf. Minutenei. Jahres – Drei-Jahresring und Monatskarte.
Ein stets morbides Spinnennetz aus winzig kleinen Waben.
Du hältst Symbole in der Hand: Vier?, Kreis und Gerade.
Welches davon ist Zeit?
Praktisch nicht zu klären.
Ein Tag vergeht als Wimpernschlag ein anderer als Paste.
Du läufst fort, verhedderst dich tief im Time-Tunnel."

Anm.: Der Vortragende unterbricht den Synthesizerklang (Frau Korsen fragt: „Was ist denn?") und er erläutert die Verwendung des Anglizismus „Time-Tunnel" durch seine prägnante sprachliche Wucht. Er konnte den Begriff an dieser Stelle nicht vermeiden. Danach geht der Vortrag weiter:

„Du liest eine Zeitschrift, eine Zeit lang zeitgleich.
Auch hier die Macht der Zeit in Sprache abgebildet.
Die Eieruhr des Lebens (Wdh.) rieselt zäh und stetig.
Füllt sein freches Dasein unermüdlich aus.
Zeit, du Biest, du toddunkler Moloch! Vielköpfiges Geschwür!
Doch mich besiegst du nicht mit Taschenspielertricks.
Verdammte Zeit, du Todesbiest! Wann endlich gibst du auf?
Glaubst wohl du bist unbesiegbar, doch du zerrinnst im Nichts!"

Der Synthesizer verklingt, Abschiedsapplaus und der Professor bedankt sich.

<u>Interpretation</u>

In dieser Studie klingen sowohl die Lesung von Loriot (*Ginsendunst...*) und der Scherzvortrag „Hurz" von Hape Kerkeling an. Um Unterschied zum Beispiel Loriots ist das Geschehen in diesem Fall jedoch inszeniert und durchdacht. In dem Sketch *Hurz von* Hape Kerkeling wird der Rahmenbruch ja gerade durch das Unwissen der Beteiligten als komische Situation geschaffen, welche über die Theorie Goffmans erklärbar gemacht werden kann.

In diesem Kurzhörspiel handelt es sich ebenfalls um eine charakterliche Überzeichnung und eine Überintellektualisierung zugunsten einer komischen Wirkung. In der öffentlichen Diskussion wird dieses Stück in gewisser Weise als parodistische Charakterstudie auf den Philosophen Jürgen

Habermas interpretiert.[115] Diesen Eindruck gewinnt man aufgrund der nuschelnden Stimme des Professors und der hoch philosophischen Themenwahl.

Zum ersten Mal nimmt auch die musikalische Untermalung in diesem Kurzhörspiel eine wirklich dramaturgische Stellung ein: Die scheinbar willkürlich erklingenden Klänge steigern sich an gewissen Punkten des Gedichts. So z.B.: setzen die Klänge erst beim Wort „Ewigkeit" ein und tendieren von da aus ins verzerrte Spektrum.[116]

Einen Rahmenbruch stellt man hierbei dennoch fest: Der Vortragende ist hingegen aller Erwartungen wenig selbstbewusst und stottert teilweise ins Unhörbare.

Auch der Klangteppich ist durch eine Abfolge willkürlich wirkender Tonfolgen und voreingestellten Sounds geprägt. Das Kurzhörspiel an sich hebt ab auf die Selbstüberschätzung von intellektuellen Größen auch in anderen „schönen Künsten" begabt zu sein. Vergleichbar scheint dies mit der Angewohnheit vieler Schauspieler sich auch als begabte Musiker anzusehen und umgekehrt. Textlich als auch musikalisch steigert sich der Vortrag jedoch dramatisch hoch. Zum ersten Mal folgt der musikalische Einsatz einer gewissen Dramaturgie und ist nicht, wie eigentlich vorgesehen nur Begleitung.

Außerdem birgt das Gedicht auch eine gewisse Kritik an der überstrapazierten Verwendung des philosophischen Themas „Zeit" in Gedichten, Filmen und Büchern.

---

115 s.a.: http://www.plattentests.de/forum.php?topic=46896&PHPSESSID=

116 Beim Wort „sprachlos" dominiert kurz der Klang an sich und rückt sich ins Zentrum der Studie.

Schlussbetrachtung

5. Ergebnisse der Einzelanalyse

Die Analyse der vorliegenden Kurzhörspiele zeigt ein breites Spektrum Strunks hinsichtlich des Einsatzes von musikalischen Elementen: Zum Einen kann sie als bloßer thematischer Bezug, wie im Stück „James Last" und zum Anderen als Schlagerpersiflage, wie in *Schokospiele mit Ursula* eingesetzt werden. Dass sich neben diesen scheinbar trivialen Verwendungsmöglichkeiten auch ein gewisser musikalischer Anspruch verzeichnen lässt kann anhand des Stückes *AA-Fingers* nachvollzogen werden. Dabei setzt zusätzlich eine Genre-Duskussion ein: An den Stellen, an welchen die Musik eine durchaus dramaturgisch tragende Rolle einnimmt, befindet man sich nicht mehr im Bereich des Hörspiels, sondern im Bereich des Genres „Spoken Word". Dieses kennzeichnet sich durch einen gesprochenen Text, welcher über ein instrumentales Musikstück vorgetragen wird. Dies hat im Falle Strunk natürlich auch pragmatische Gründe, wie er im Interview preisgibt.[117] Aber auch der mehrdimensionale Einsatz von Musik kommt in manchen Stücken zum Ausdruck: Im *Jochen-Schmidt-Song* geht es textlich-inhaltlich um einen Bandleader (Musik als Thema), der bei einem Arbeitsunfall ums Leben kommt und jetzt mit einem Lied von Kollegen für seine Verdienste gewürdigt wird. (Musik erklingt) Dramaturgisch mutet dieses Szenario durch die stümperhafte Ausführung und durch die zitternde Stimme der Interpreten an, welche sich zusammenreißen müssen nicht in Tränen auszubrechen. Interessant erscheint hierbei, dass Strunk gerade die musikalisch eher einfach gestrickten Schlagerstücke nicht selbst schreibt, sondern auf bereits existierende Lieder zurückgreift und die selbst komponierten Stücke vom Anspruch her weit über dem Schlagerniveau liegen.[118]

Für viele frühe Stücke aus den 90er-Jahren liegt laut Strunk kein musikdramaturgisches Konzept vor. Er habe einfach drauflos produziert und nicht überlegt, was jetzt wo als musikalische Linie wieder leitmotivisch auftauchen könnte. Offensichtlich wird jedoch der dramaturgische Einsatz von Musik zur überspitzten Darstellung musikalischer Subkulturen: Egal ob es sich um die *Deep Purple* hörenden Rocker im Clip *Die Alternative*, die Technofans im Clip *Das Move* oder die Tanzmusiker

---

[117] Er habe einfach keine schöne Singstimme und ist weit davon entfernt Sänger zu sein. (Strunk 2012)

[118] Zu denken ist an die adaptierten Stücke, wie „Schokospiele mit Ursula" und an das selbst komponierte „AA-Fingers".

im Stück *Jochen-Schmidt-Song* handelt: Die Klischees, welche diesen Sujets anhaften werden überspitzt dargestellt und mit Hilfe der ihr eigenen Musik ins Komische bisweilen auch Lächerliche gezogen.

Dabei kommt auch die von Helga Kotthoff beschriebene Notwendigkeit zur Selbstreflexion zum Ausdruck, denn Strunk gehört mindestens einem dieser Klischees (Tanzmusik) selbst an und kennt die Eigenheiten des Genres nur zu genau.

Im Bereich der Stücke, die dem Genre „Spoken Word" zuzuordnen sind ist ein außerordentlich künstlerischer Ansatz Strunks erkennbar: Hier bemüht er sich um Eigenkompositionen, die nun nicht mehr auf bekannte Schlagermelodien oder dergleichen zurückgreifen: Bestes Beispiel hierfür ist das bereits erwähnte Stück „AA-Fingers". Aber auch im Stück *Zeit* kann die Improvisation der Synthesizer spielenden Frau als avantgardistisch[119] eingestuft werden, wenn der Kontext des Komischen wegfällt.

Ganz allgemein dient die Musik aber immer dem Ziel einen komischen Effekt zu erzeugen. Sei es durch eine Schlager-Persiflage, durch einen unpassenden Synthesizerklang oder durch einen holprig gespielten Lob-Song. Beachtenswert ist in diesem Zusammenhang aber die musikdramaturgische Bandbreite mit der sich Strunk in einem sehr breiten Spektrum bewegt: Während die ersten Gehversuche, wie bereits erwähnt, kaum auf musikalisch komplizierte Konzeptionen fußen sind die späteren Arbeiten durchaus von komplexeren Überlegungen durchzogen und rücken den musikalischen Anteil mehr und mehr in den Vordergrund der Kurzhörspiele.

---

119 Unter Umständen erscheint der Begriff „avantgardistisch" an dieser Stelle etwas unvermittelt. Dies liegt jedoch darin begründet, dass, bis auf das genannte Beispiel, ein eher konventioneller Einsatz musikalischer Strukturen erfolgt. Beispiele für diesen traditionellen Einsatz ist die Verwendung von Songstrukturen und formal klar gegliederter musikalischer Formen.

6. Zusammenfassung, Diskussion und Ausblick

„Hallo, liebe Freunde! Ich glaub´ ich darf jetzt Freunde sagen. Hier ist nochmal der Heinz Strunk. Ich bin fast an die Ende gekommen mit meine kleine Program und vielleicht haben Sie ja doch an die ein oder andere Stelle ein bisschen geschmunzelt. [sic!]"

(Heinz Strunk: Auszug aus „Verabschiedung", Titel 14 auf dem Album „Spaß mit Heinz" (1993))

Welche Erkenntnisse sind nun über den Zusammenhang von Musik, Kurzhörspiele und Humor gewonnen? Offenbart *Strunk* eine völlig neue Art des Umgangs mit musikalischen Elementen innerhalb seiner „Audio-Sketche"? Im ersten Abschnitt der Studie wurde eine Biographie des vielseitig begabten Künstlers Heinz Strunk anhand seines bisherigen musikalischen, literarischen und humoristischen Outputs entworfen um einen ersten Eindruck vom Gegenstand dieser Darlegung und eine Hinführung auf das Kernthema, nämlich die Rolle der Musik in den Kurzhörspielen Strunks zu ermöglichen. Dabei traten in diesem einleitenden Teil vielerlei Aspekte zu Tage, die es im Weiteren für das Verstehen, sowohl der musikalischen, als auch der humoristischen Prägung, zu berücksichtigen gilt. Deshalb schließt sich dem biographischen Teil ein Abschnitt über das Phänomen des Humors an. In diesem Zusammenhang wurde versucht, die Betrachtung auf den für diese Abhandlung relevanten Teil einzugrenzen. Aufgrund dessen habe ich, nach einem kurzen einleitenden, allgemeinen Teil methodische Entwürfe zum Thema Humor aus medienwissenschaftlicher, psychologischer und musikwissenschaftlicher Sicht vorgestellt. Im Anschluss hieran galt es die Themenbereiche Humor, Musik, Hörspiel und die Persönlichkeit Heinz Strunk zusammenzuführen. Dazu erfolgte, vor der eigentlichen praktischen Analyse einzelner Stücke, ein Einblick in die bisherige Theorie zum Zusammenhang von Hörspiel und Musik. Darin wurde der Versuch unternommen eine aus musikwissenschaftlicher Sicht entwickelte Konzeption der Verwendungsmöglichkeiten von Musik im Hörspiel vorzustellen und für Strunk eventuell vorbildhaft wirkende Modelle vorzustellen. Als Synthese versteht sich dann der die praktische Analyse betreffende folgende Teil. Hier laufen die theoretischen Erkenntnisse aus den vorherigen Kapiteln mit Analysemethoden der Musikwissenschaft am konkreten Beispiel diverser Kurzhörspiele Strunks zusammen.

Im Verlaufe hat sich dabei im einleitenden, biographischen Teil die musikalische und humoristische Prägung des Entertainers offenbart. Andererseits bleibt im weiteren Fortgang der Abhandlung lange unklar, warum sich de Musiker gerade dem wenig bekannten Genres der Kurzhörspiele widmet.

Nach der Betrachtung des theoretischen Überbaus zum Thema Humor konnte eine Analyse der Kurzhörspiel *Strunks* erfolgen. Dabei ist stets und ständig ein Zusammenhang zwischen den Faktoren Kommunikation, Musik und Humor feststellbar. Dabei nimmt die Musik zwar nur einen Aspekt der künstlerischen Gesamtaussage ein, jedoch dient selbige dabei der Definition einer kritischen Gesamtaussage von Seiten *Strunks* hinsichtlich des Entertainment-Business: Die Kürze und Prägnanz seiner sowohl textdramaturgischen als auch musikdramaturgischen Konstrukte spiegelt Strunks Willen nach „gebündelter" Kernaussage wieder: Eine lange Oper, welche die Aufmerksamkeitsspanne des Menschen, die idealerweise bei ca. 45 Minuten liegt, ist im strunkschen Sinne *anachronistisch und* künstlerisch überladen. Komplexe Inhalte können demnach scheinbar nur über eine einfache und verträgliche Form transportiert werden. Damit holt Strunk also zum ganz großen Wurf aus: Er entfacht eine Diskussion über die Unterhaltungsindustrie sowohl im akademisch und künstlerisch anspruchsvollen Bereich, sowie im „Billig-Entertainment"-Sektor. Unabhängig von der Komplexität des formulierten Inhalts erreicht die menschliche Aufnahmefähigkeit an einem gewissen Punkt eine Grenze. Durch seine Kurzhörspiele überwindet Strunk eben diese und kann kritisch-intellektuelle Aussagen in einer billigen und für nahezu jedermann verdaulichen Verpackung anbieten.

Am Beispiel des Stücks *AA-Fingers* wird dieser Aspekt sehr deutlich: Der Musiker setzt einen klassisch anmutenden Satz in Verbindung mit einem scheinbar trivialen Text. Das Ergebnis ist unterhaltsam und transportiert gleichsam die Komplexität ernsthafter Musiker für den durchschnittlichen Konsumenten. Strunk stößt damit Überlegungen aus dem Bereich der Kognitionspsychologie an und verlässt damit als Gegenstand den geisteswissenschaftlichen Bereich. Schließlich lässt sich die Aufnahmefähigkeit von Informationen gegenwärtig auch biologisch und damit naturwissenschaftlich erfassen.

Zu hinterfragen bleibt an dieser Stelle sicherlich auch, ob die theoretischen Erkenntnisse zum Thema Hörspiel und Musik, welche ja auf die Langform des Hörspiels bezogen sind, einfach auf die Form des Kurzhörspiels bezogen werden können. Schließlich könnte ein Kurzhörspiel auch anderen dramaturgischen Konzepten folgen. Um diese Punkte zu klären sind eventuell auch eine eigene Forschungsbemühungen zum bisher ebenfalls wenig erforschten Genre *Spoken Word* nötig. In dieser eigentlich aus dem amerikanischen Raum stammenden Form zeigt Strunk seine größte künstlerische Eigenständigkeit. Hinsichtlich der offenen Formulierung aus dem Titel der Untersuchung bleibt das musikdramaturgische Konzept Strunks weiterhin so vielgestaltig, dass eine letztgültige Aussage über die Sinnfreiheit bzw. die Vorhandenheit eines musikalischen Konstrukts nicht möglich scheint. Auch wenn Strunk selbst bei den meisten Kurzhörspielen wohl nicht aktiv über den Einsatz von Musik nachdenkt, sondern „einfach drauf los macht", folgt auch dieses scheinbar rein intuitive Vorgehen bestehenden, im dritten Kapitel aufgezeigten Verwendungsmustern.

Im Verlauf der Untersuchung offenbarten sich jedoch weitere Diskussionspunkte, welche vorher nicht so sehr im Fokus der Betrachtung standen: Welchen Einfluss hat beispielsweise die schauspielerische Gabe Strunks alle Stimmen in den Kurzhörspielen selbst einzusprechen und durch Transposition-Effekte zusätzlich zu verfremden? So könnte also ebenfalls nach dem Einfluss der schauspielerischen Gesten auf die Gesamtdarstellung der Kurzhörspiele gefragt werden. Dieser Bereich fällt wohl der Theaterwissenschaft zu.

Außerdem kommt auch der Entwicklung von Technologien der Musikproduktion eine bedeutsame ästhetische Rolle zu: Wie beschrieben produziert Strunk die Miniaturen selbst am eigenen Rechner und fängt benötigte Atmosphären und Geräusche mit einem Aufnahmegerät ein und verfremdet das Klangmaterial durch verschiedenste Techniken. Dies bildet einen weiteren produktionstechnisch und zugleich ästhetischen Diskussionspunkt, der im Zuge dieser Darlegung jedoch nicht abgeleistet werden konnte.

Vielmehr versteht sich diese Untersuchung als Ansatzpunkt um weitere Forschungen zu noch nicht zu sehr etablierten Künstlern, wie Heinz Strunk anzuregen und das Feld des scheinbar Trivialen nicht ohne eine Begehung vorab zu vermessen. Wie hoffentlich gesehen birgt ein derartiges Feld dabei hin und wieder den eigenen Forschungszweig (in diesem Fall die Musikwissenschaft) betreffende Bereicherungen.

Leider hat Heinz Strunk die Produktion weiterer Kurzhörspiel eingestellt. Jedoch lässt sich bei anderen ähnlich gearteten Künstlern, wie dem bereits zitierten Helge Schneider, ebenfalls ein reicher Fundus artverwandter Stücke finden, welche vielleicht weiteres Licht in das Dunkel der musikalischen Subspezies der Kurzhörspiele bringen können.

7. Literaturverzeichnis

Leben und Werk von Heinz Strunk:

Brinkmann, Martin: *Souvlaki und Spiegelei. Anti-Kulinarik in Heinz Strunks „Fleisch ist mein Gemüse" (2004) oder: Der Genuss des Selbsthasses.* In: Hans Wolf Jäger, Holger Böning u. Gert Sauermeister (Hrsg.): *Genußmittel und Literatur.*, Bremen 2011, S. 235–239.

Hoch, Susanne: *Überprüfung der Kultivierungshypothese anhand der Sendungen „TV total" und „Harald Schmidt".* Grin-Verlag 2008.

Lindenlaub, Anja: *Popliteratur mit autobiographischem Hintergrund: ein Vergleich der Autoren Rocko Schamoni, Heinz Strunk und Jess Jochimsen.* Unbekannter Ort 2008.

Menke, André: *Die Popliteratur nach ihrem Ende. Zur Prosa Meineckes, Schamonis, Krachts in den 2000er Jahren.* Bochum 2010.

Strunk, Heinz: *Fleisch ist mein Gemüse – Eine Landjugend mit Musik*, Reinbek 2004.

Ebd.: *Die Zunge Europas*, Reinbek 2008.

Ebd.: *Fleckenteufel*, Reinbek 2009.

Theimuras, Michael Alschibaja: *Penisverletzungen bei der Masturbation mit Staubsaugern*, Diss., München 1978.

Volkmann, Maren: *Frauen und Popkultur.* In: Hecken, Thomas; Wrzesinski, Marcel Hrsg.): *Philosophie und Popkultur.* Bochum 2010.

Online-Interviews

http://socialissuesandstuff.com/2007/08/28/interview-mit-heinz-strunk-preludium/

http://de-de.facebook.com/pages/Heinz-Strunk/105636119470745

http://socialissuesandstuff.com/2007/09/03/interview-mit-heinz-strunk/

http://planet-interview.de/interview-heinz-strunk-17072009.html

http://www.spiegel.de/unispiegel/wunderbar/0,1518,364287,00.html

http://www.nordbayern.de/nuernberger-nachrichten/kultur/fleckenteufel-autor-heinz-strunk-im-interview-1.506678

http://lokalmagazin.wueste-welle.de/2010/01/04/heinz-strunk-interview/

http://www.hamburg.de/interviews/8534/interview-heinz-strunk.html

http://www.whudat.de/heinz-strunk-im-interview-mit-mc-winkel/

http://www.sueddeutsche.de/kultur/neuer-roman-von-heinz-strunk-in-loeffelchenstellung-1.487368

http://www.taz.de/1/archiv/archiv/?dig=2005/01/05/a0255

http://www.stern.de/kultur/buecher/heinz-strunk-erfolgreicher-loser-536231.html

Zeitungsartikel

Brinkmann, Lars: *Die ewige Wurstelei. Rechtzeitig vor der Veröffentlichung des neuen Romans "Die Zunge Europas" kommt die Verfilmung von Heinz Strunks Debüt in die Kinos. Eine Komödie zum Weinen? Eine Tragödie zum Lachen? Alter Buck in neuen Schläuchen?*, in: *Intro* Nr.159, April 2008.

Fasthuber, Sebastian: *Schwer verstopft und dauernd geil,* in: *Falter* Nr. 4, 21.01.2009.

Grote, Lars: *Weil ich ein Junge bin. Heinz Strunks "Fleckenteufel" ist seine Antwort auf die "Feuchtgebiete",* in: *Märkische Allgemeine,* 01.02.2009.

Geer, Nadja: *Die Dritte Welt der Musik. Deutsche Tanzmusiker sind hässlich und anspruchslos, sagt Heinz Strunk, der selbst einer war. Stimmt das noch? Ein Ortstermin beim Schützenfest,* in: *Tagesspiegel* v. 26.02. 2005.

Heldner, Robert; Bogdhan, Philip: *Jeder Mensch hat die verdammte Pflicht, aus seinem kleinen Scheißleben etwas zu machen. Ein Gespräch mit Heinz Strunk,* in: *tazblog* , 26.01. 2009.

Jakubowsky, Hartmut: *Gelungene Premiere: „Fleisch ist mein Gemüse",* in: Cellesche Zeitung, 11.04.2011.

Neumann, Olaf: Die männliche Antwort auf Charlotte Roches "Feuchtgebiete". *"Fleckenteufel"-Autor Heinz Strunk im Interview,* in: *Nürnberger Nachrichten,* 24.01. 2009.

Rüther, Tobias: Thorstens Beschwerden. *Heinz Strunk hat einen neuen Roman geschrieben. "Fleckenteufel" will eine männliche Antwort auf Charlotte Roches "Feuchtgebiete" sein. Aber kann so etwas überhaupt gelingen?* in: *Frankfurter Allgemeine Zeitung,* 23.01.2009.

Schallenberg, Jörg: *Der späte Erfolg ist der schönere. Heinz Strunk im Gespräch,* in: *Galore* Nr.38, April 2008.

Schmidt, Christopher: *In Löffelchenstellung. Faulige Körpergase, geronnene Waschlappen und mangelnde Erfahrung: Heinz Strunks neuer Roman "Fleckenteufel" will in den Feuchtgebieten mitschwimmen,* in: *Süddeutsche Zeitung,* 04.02.2009.

Schmidt 1996, in: Das neue Lexikon der Musik, Stuttgart 1996, S. 485.

Strunk, Heinz: *Hühner & Idioten. Was ist dran am deutschen Pop?*, in: *Rolling Stone*, Juli 2005.

Tuschick, Jamal: *Rache in Lüneburg. Heinz Strunk erholt sich und erinnert sich im Mousonturm,* in: *Frankfurter Rundschau* v. 29.01. 2005.

Weber, Julian: Magna Charta der Darmwinde. *Der Duft des Jahres 1977: Elvis stirbt, und ein junger Mann ist im Ferienlager an der Ostsee. Heinz Strunk erzählt politisch unkorrekt vom "Fleckenteufel" und ergänzt damit Charlotte Roches "Feuchtgebiete", das Cover blau statt rosa eingefärbt,* in: *TAZ*, 28.01.2009.

Online-Artikel/ Rezensionen

http://www.heinzstrunk.de/

http://www.han-online.de/Harburg_Archiv/article7627/Mathias-Halfpape-auf-denSpuren-Helge-Schneiders.html

http://www.shakespeare-and-more.com/blog/2009/03/heinz-strunk-fleisch-ist-mein-gemuse.html

http://misssophie.wordpress.com/2007/05/02/buchkritik-fleisch-ist-mein-gemuse-von-heinz-strunk/

http://www.stern.de/kultur/buecher/heinz-strunks-fleckenteufel-rutschen-auf-roches-sperma-spur-655302.html

http://magagin.de/reviews/101

http://magagin.de/reviews/210

http://www.plattentests.de/forum.php?topic=46896&PHPSESSID=

http://www.add-on-music.de/html/heinz_strunk_mit_hass_gekocht.html

http://www.intro.de/kuenstler/Heinz%20Strunk

(alle zuletzt aufgerufen am 25.06.2012)

Musik und Hörspiel

Bonte, Hans Georg: *Die Frage der Hörspielmusik,* in: *Neue Zeitschrift für Musik. 117.* Jg. 1956, S. 345-347.

Bonte, Hans Georg: *Hörspielmusik - Stiefkind der Muse,* in: *Bremer Nachrichten*, 21.12.1955.

Boucke, Ernst: *Die Vision des inneren Ohres [Musik im Hörspiel]*, in: *Funk*, Jg.1933, S. 149-150.

Deutschmann, Christian: *Bastard oder Sonderling? „Die Woche des Hörspiels" in Westberlin*, in *Kirche und Rundfunk*, Nr. 91 vom 18.11. 1989.

Döhl, Reinhard: *Musik - Radiokunst – Hörspiel*, in: Ebbeke, Klaus (Red.): *Inventionen '86. Sprachen der Künste III. Sprache und Musik. Elektroakustische und instrumentale Musik, Film und Performance*, Berlin 1986, S. 10-36.

Ebd.: *Das Neue Hörspiel. Geschichte und Typologie des Hörspiels*. Darmstadt 1988.

Dugend, Enno: *Beat und Homer. Skizzen zur Musik im Hörspiel*, in: *Hörspiele im Westdeutschen Rundfunk*, . 1. Halbjahr 1967, S. 4-7.

Unbekannt: *Erstmalig deutscher Preis für Hörspielmusik verliehen*. In: *Kirche und Rundfunk*. Nr. 26, 13.07.1967, S. 4.

Fischer, Eugen Kurt: *Das musikalische Element im Hörspiel*. in: *Mirag* 1932, Nr. 19, S. 3; auch in: *Norag*. 9. Jg. 1932, Nr. 37, S. 2.

Franz, E. A.: *Musik im Hörspiel*, in: *Radio-Illustrierte*. 1. Jg., 1947, H. 25, S. 3.

Frisius, Rolf: *Musik als Hörspiel – Hörspiel als Musik*, in: Klaus Schöning (Hrsg.): *Spuren des Neuen Hörspiels*, Frankfurt am Main 1982, S. 136-166.

Ebd.: *Rundfunk und Fernsehen*, in: *Die Musik in Geschichte und Gegenwart*, Sachteil, Kassel u.a. 1998, Sp. 628 f.

Goslich, Siegfried: *Hörspiel-Musik. Entwicklung und Wandlung einer radiophonischen Gattung*, in: Rösing, Helmut (Hrsg.): *Symposium Musik und Massenmedien*. Referate gehalten am 10./11. Juni 1977 in Saarbrücken, München/Salzburg: 1978, S. 139-145.

Goslich, Siegfried: *Musik im Rundfunk*, Tutzing 1971.

Grimm, Friedrich-Karl: *Wesen und Gestaltung der Bühnen- und Hörspielmusik*, in: *Bühnengenossenschaft*, 2. Jg., 1950, S. 107; auch in: *Vier Viertel. Zeitschrift für Musik und Tanz*, 5. Jg., 1951, Nr. 8, S. 8-9.

Haentjes, Werner: *Aufgaben und Möglichkeiten der Hörspielmusik*, in: *Rufer und Hörer*, 8. Jg., 1953/54, S. 303-304.

Haentjes, Werner: *Über Hörspielmusik*, in: *Melos*, 20. Jg., 1953, H. 9, S. 241-242.

Hagelüken, Andreas: *Hörgeräuschmusiksprachspiel. Eine historische Ortsbestimmung der Radiokunst*, in: *Neue Zeitschrift für Musik*, 166. Jg., 2005, H. 4, S. 34-36.

Hagemann, Carl: *Hörspielmusik*, in: *Funk*, 25.5.1928, H. 22, S. 169-171.

Hagemann, Carl: *Die Verwendung der Musik im Hörspiel*, in: *Die Sendung*, 5. Jg., 11.5.1928, Nr. 20, S. 231-232.

Hagemann, Carl: *Probleme des Hörspiels II: Musik und Geräusch*, in: *Rufer und Hörer*., 6. Jg., 1951/52, S. 242-245.

Hasselblatt, Dieter: *Eine Nische im multimedialen Feld. Zur öffentlichen Bewusstseinslücke Hörspiel*, in: *medium* 10, Jg. April 1908, Heft 4.

Heister, Hans S. v.: *München voran! Neue Musikhörspiele*, in: *Der Deutsche Rundfunk,* 8. Jg., 1930, H. 42, S. 10.

Herbst, Kurt: *Die Stilgesetze der Hörspielmusik,* in: *Rufer und Hörer,* 4. Jg., 1934, H. 1, S. 17-23.

Hilger, Silke Christiane: *Autonom oder angewandt? Zu den Hörspielmusiken von Winfried Zillig und Bernd Alois Zimmermann,* Mainz [u.a.], 1996 (= Kölner Schriften zur neuen Musik. Bd. 5; zugl. Diss., Univ. Bonn 1991).

Hobl-Friedrich, Mechtild: *Die dramaturgische Funktion der Musik im Hörspiel. Grundlagen – Analysen,* Hochschulschrift: Diss., Univ. Erlangen/Nürnberg 1991.

Holl, Karl: Der Ozeanflug, FAZ vom 02.08.1929, in: Brecht in der Kritik. Rezensionen aller Brecht-UA. Eine Dokumentation von Monika Wyss, München 1977.

Hörspielmusik - *Spiel der Fantasie,* in: *Vier Viertel. Zeitschrift für Musik und Tanz.,* 2. Jg., 1948, Nr. 16, S. 18.

Jeglinski, Ulrich: *Konzert aus Wort, Geräusch und Musik. Von der Wandlung der Hörspielmusik,* in: *Kirche und Rundfunk,* 24.7.1968, Nr. 29, S. 1-2.

Jungk, Klaus: *Musik im Hörspiel,* in: *Rufer und Hörer,* 7. Jg., 1952/53, S. 32-35.

Kagel, Mauricio: *Blendungen. Analyse und Synthese des Komponisten als Hörspielmacher,* in: Wagner, Hans-Ulrich/Kammann, Uwe (Red.): *HörWelten. 50 Jahre Hörspielpreis der Kriegsblinden 1952-2001,* (Hrsg. vom Bund der Kriegsblinden Deutschlands und der Filmstiftung Nordrhein-Westfalen.) Berlin 2001, S. 283-288.

Kagel, Mauricio: *Das Buch der Hörspiele* [*Mauricio Kagel zum 50. Geburtstag*], Schöning, Klaus (Hrsg.), Frankfurt am Main 1982.

Kagel, Mauricio: *Worte über Musik. Gespräche, Aufsätze, Reden, Hörspiele.* München [u.a.] 1991. (= Serie Musik: Piper, Schott, Bd. 8320)

Kapfer, Herbert: *Harte Schnitt, ungezähmte Worte, Stimmen hört jeder. Pop im Hörspiel. Ein Essay,* in: Hickethier, Knut (Hrsg.): *Radioästhetik – Hörspielästhetik,* Marburg 1997 (= Augen-Blick. Marburger Hefte zur Medienwissenschaft, Hrsg. von Jürgen Felix u. a. Nr. 26), S. 44-61.

Klüppelholz, Werner: *Musik als Hörspiel. Zur musikpädagogischen Nutzung einiger Kompositionen von Kagel, Schnebel und anderen,* in: *Musik und Bildung,* 9. Jg., 1977, H. 6, S. 343-347.

Koster, Ernst: *Musikalische Kulisse im Hörspiel,* in: *Das Musikleben,* 8. Jg., 1955, H. 1., S. 16-19.

Krautkrämer, Horst-Walter: *Die Rollen von Geräusch und Musik innerhalb des Wortkunstwerkes Hörspiel,* in: *Der Deutschunterricht,* 17. Jg.,1965, H. 6, S. 117-130.

Kreile, Reinhold: *Hat die Funkoper eine Zukunft? Zwischen Funkoper und musikalischem Hörspiel,* in: *Neue Zeitschrift für Musik,*116. Jg., 1955, H. 10, S. 8-11.

Lenz, Eva-Maria: *Götter vor Gericht,* in FAZ vom 30.01.1991, Frankfurt a.M. 1991.

Lessing, G.E.: *Hamburgische Dramaturgie* (Vierzehntes Stück. Den 16ten Junius), Hamburg 1776.

Medek, Tilo: *Erfahrungen mit der Hörspielmusik,* in: *Sammelbände zur Musikgeschichte der Deutschen Demokratischen Republik,* Bd. 4, 1976, S. 201-211.

Morgenroth, Matthias: *Krieg. Hörstück von Rainald Goetz,* in: *Konzepte* (6/8) 1989.

Müller, Hermann-Christoph: *Worte und Musik. Ein Hörspiel von Samuel Beckett und Morton Feldman*, in: *Positionen*, 1993, Nr. 15, S. 24-27.

Müller-Medek, Tilo: *Musik im Hörspiel. In: Musik und Gesellschaft*, 17. Jg., 1967, H. 2, S. 91-94.

Naber, Hermann: *Die Geburt des Hörspiels aus dem Geiste der Operette. Karl Sczuka und die Pioniere der Radiokunst*, in: Naber, Hermann; Vormweg, Heinrich; Schlichting, Hans, Burkhard (Hrsg.): *Akustische Spielformen. Von der Hörspielmusik zur Radiokunst. Der Karl-Sczuka-Preis 1955-1999*, Baden-Baden 2000. (= SWR-Schriftenreihe: *Grundlagen*, Bd. 1), S. 11-27.

Naber, Hermann; Schlichting, Hans-Burkhard (Hrsg.): *Akustische Spielformen. Von der Hörspielmusik zur Radiokunst. Der Karl-Sczuka-Preis 1955-2005*, Baden-Baden 2005. (= SWR-Schriftenreihe: *Grundlagen*, Bd. 1).

Naber, Hermann; Vormweg, Heinrich; Schlichting, Hans Burkhard (Hrsg.): *Akustische Spielformen. Von der Hörspielmusik zur Radiokunst. Der Karl-Sczuka-Preis 1955-1999*, Baden-Baden 2000.

Niemann, Iris: *Lebensstationen eines Rundfunkkomponisten*, in: Naber, Hermann; Vormweg, Heinrich; Schlichting, Hans; Burkhard (Hrsg.): *Akustische Spielformen. Von der Hörspielmusik zur Radiokunst. Der Karl-Sczuka-Preis 1955-1999*. Baden-Baden: 2000, S.47-52.

Pauli, Fritz: *Hörspielmusik*, in: *Rufer und Hörer*, 2. Jg., 1932, S. 490-493.

Petri, Horst: *Probleme der Amalgamierung von Sprache und Musik im Hörspiel*, in: *Akzente*, 16. Jg., 1969, H. 1, S. 87-95.

Pohlenz, Günter: *Die Bedeutung der Musik im Kinderhörspiel für die Musikerziehung*, Leipzig 2001. (zugl. Diss., Univ. Halle 1965).

Pohlenz, Günter: *Musik im Kinderhörspiel*, in: *Musik und Gesellschaft*, 13. Jg., 1963, S. 612-614.

Poppe, Andries: *Das Hörspiel und das "Institut für Psychoakustik und elektronische Musik"*, in: *Internationale Hörspieltagung. Vom 21. bis 27. März 1968 in Frankfurt am Main*, Frankfurt am Main 1968, S. 108-122.

Reinecke, Christoph: *Montage und Collage in der Tonbandmusik bei besonderer Berücksichtigung des Hörspiels. Eine typologische Betrachtung*, Hamburg 1986.

Rihm, Wolfgang: *Mutation*, in Neue Zeitschrift für Musik, 12/1987.

Rosen, Waldemar: *Hörspielmusik*, in: *Funk-Wacht*, 11. Jg. 1936, H. 8, S. 9.

Saalbach, Klausrolf: *Hörspiel-Musik*, in: *Der Rundfunk*, 3. Jg., 1948, Nr. 14/15, S. 21.

Salter, Lionel: *Musik im Hörspiel*, in: Blaukopf, Kurt; Goslich, Siegfried; Scheib, Wilfried (Hrsg.): *50 Jahre Musik im Hörfunk. Berichte und Beiträge*, Wien 1973 (= Internationaler IMZ-Kongreß, 9), S. 40-49.

Schätzlein, Frank: *Der Hörfunk als Medium radiophoner Kunstformen. Stationen einer gemeinsamen Entwicklungsgeschichte*, in: ZMMnews (Ausgabe Winter 1996/97). S. 23-24.

(Überarbeitete Online-Fassung unter: www.akustische-medien.de/texte/zmm_hoerfunk96_97.htm, 25.7.1996.)

Scheffler, Siegfried: *Musik des Hörspiels,* in: *Funk-Wacht,* 13. Jg., 1938, H. 41, S. 9.

Schilling, Otto-Erich: *Hörspielmusik - eine flüchtige Kunst,* in: *Rundfunk und Fernsehen,* 1. Jg., 1953, H. 3, S. 55-57.

Schmitz, Walter: *Materialien zu Max Frisch, Biedermann und die Brandstifter*, Frankfurt am Main 1979.

Schoen, Ernst: *Musik und Hörspiel,* in: Reichsrundfunkgesellschaft Berlin (Hrsg.): *Rundfunk-Jahrbuch,* 1930, S. 133-136.

Schöning, Klaus (Red.): *Komponisten als Hörspielmacher. 1. Acustica International, 27. Sept.-1. Okt. 1985,* Hrsg. vom Westdeutschen Rundfunk, Köln 1985.

Specker, Andreas: *Hör-Spiele und Hörspiel. Studien zur Reflexion musikalischer Parameter im Werk von Ernst Jandl,* Essen 1986.

Schwitzke, Heinz (Hrsg.): *Reclams Hörspielführer*, Stuttgart 1969, S. 645.

Timper, Christiane: *Hörspielmusik in der deutschen Rundfunkgeschichte. Originalkompositionen im deutschen Hörspiel 1923-1986,* Berlin 1990 (= Hochschul-Skripten: Medien. Bd. 30).

Vormweg, Heinrich: *Hörspiel als Radiokunst. Der Karl-Sczuka-Preis,* in: Naber, Hermann; Vormweg, Heinrich; Schlichting, Hans, Burkhard (Hrsg.):

Akustische Spielformen. Von der Hörspielmusik zur Radiokunst. Der Karl-Sczuka-Preis 1955-1999, Baden-Baden 2000, S. 29-44.

Wachten, Edmund: *Hörspiel mit Musik,* in: *Rufer und Hörer,* 4. Jg., 1934, H. 12, S. 550-559.

http://www.opp.udk-berlin.de/opp/uploads/0/08/HM_H%C3%B6rspielMusik.pdf

(zuletzt aufgerufen am 20.06.2012)

Humor

Adler, Alfred: *Zusammenhänge zwischen Neurose und Witz* (1927). In: Adler, Alfred: *Psychotherapie und Erziehung - Ausgewählte Aufsätze,* Band I: 19919-1929, Frankfurt a. M. 1982.

Berger, Peter L.: *Erlösendes Lachen. Das Komische in der menschlichen Erfahrung.,* Berlin 1998.

Bergson, Henri: *Das Lachen. Ein Essay über die Bedeutung des Komischen.* Darmstadt 1988.

Birkenbihl, Vera F.: *Humor: An Ihrem Lachen soll man Sie erkennen.*, Frankfurt am Main 2003.

Bremmer, J.; Roodenburg, H.: *Kulturgeschichte des Humors. Von der Antike bis heute.*, Darmstadt 1999.

Freud, Sigmund: *Der Witz und seine Beziehung zum Unbewussten.*, Frankfurt am Main 1981.

Ebd.: *Der Humor.* (1927) In: Mitscherlich, Alexander u.a. (Hrsg.): *Freud-Studienausgabe Band 4. Psychologische Schriften.* Frankfurt am Main 1969–197, S. 275–282.

Goffman, Ervin: *Rahmenanalyse: Ein Versuch über die Erklärung von Alltagssitationen.* Frankefurt 1977.

Hettlage, Robert: *Ervin Goffman.* In: Kaesler, Dirk (Hrsg.): *Klassiker der Soziologie.* München 1999.

Höffding, Harald: *Humor als Lebensgefühl (Der große Humor). Eine psychologische Studie.* Leipzig 1918; Nachdruck der 2. Aufl., Saarbrücken 2007.

Hörhammer, Dieter: *Die Formation des literarischen Humors. Ein psychoanalytischer Beitrag zur bürgerlichen Subjektivität.*, München 1984.

Kotthoff, Helga: *Spaß verstehen: Zur Pragmatik von konversationellem Humor,* Tübingen 1998.

Marshand, Philip: *Marshall McLuhan: The Medium and the Messenger: a Biography,* Cambridge 1998.

Raeithel, Gert: *Die Deutschen und ihr Humor,* München 2005.

Seibt, Oliver: *Aus dem Rahmen gefallen: Ein Versuch, mit Ervin Goffman zu erklären, wann es in der Musik witzig wird.* In: Hein, Hartmut; Kolb, Fabian (Hrsg.): *Musik und Humor. Scherz, Satire, Ironie und tiefere Bedeutung in der Musik,* Laaber 2010.

Stromair, Paulus: *De humoribus* ... Medizinische Dissertation, Würzburg 1594.

Strauß, Botho: *Paare, Passanten.* Frankfurt 1982.

http://www.social-psychology.de/do/PT_allport.pdf

(zuletzt aufgerufen am 20.06.2012)

Sonstiges

Görne, Thomas: *Tontechnik,* Leipzig, 2006.

Roche, Charlotte: *Feuchtgebiete,* Köln 2008.

Schinköth, Thomas: *Persönliches Gespräch,* Leipzig, 24.04.2012.

Sitter, Martin: *LogicPro 7 and Express 7 (Apple Pro Training),* Amsterdam 2005.

Baader, Johannes; Bergius, Hanne; Miller, Norbert; Riha, Karl: *Oberdada. Schriften Manifeste, Flugblätter, Billets, Werke und Taten,* Wetzlar 1971.

8. Medienverzeichnis

Tonträger

Strunk, Heinz: *Spaß mit Heinz*, CD ohne Label 1993.

Ebd.: *Der Mettwurstpapst,* CD Gringo Records, 1994.

Ebd.: *Der Schlagoberst kommt*, CD Intercord Tonträger GmbH, 1999.

Ebd.: *Einz,* CD Nobistor (Indigo), 2003.

Ebd.: *Trittschall im Kriechkeller,* CD Trikont, 2005.

Ebd.: *Mit Hass gekocht,* CD Roof Music/Tacheles, 25. April 2006.

Ebd.: *Der Schorfopa,* CD Roof Music, 24. Juli 2007.

Ebd.: *Mutter ist ein Sexmaschien,* CD Roof Music, 12. März 2010.

Ebd.: *Heinz Strunk in Afrika,* Bochum 2011.

Ebd.: *Fleckenteufel*, Bochum 2009.

Ebd.: *Die Zunge Europas*, Bochum 2008.

Bilder

http://stevinho.justnetwork.eu/2011/07/19/werbung-fur-bestattungsunternehmen (zuletzt aufgerufen am 20.06.2012)

Video

Baumann, Hasko: *Durch die Nacht mit: Heinz Strunk und HP Baxxter,* Deuschland 2008.

Görlitz, Christian: *Fleisch ist mein Gemüse,* Deutschland 2008.

Haeb, Ingo: *Derby – Fußball ist kein Wunschkonzert,* Deutschland 1999.

Schneider Frank: *Zeit,* Deutschland 2007.

Svoboda, Antonin: *Immer nie am Meer,* Österreich 2007.

http://www.youtube.com/watch?v=98oABccStL0 (Helge Schneiders *Tropfsteinhöhle*)

9. Anhang

Transkription des persönlich geführten Interviews vom 07.03.2012

I: Interviewender (Michael Cyris)
HS: *Heinz Strunk*

I: Gab es innerhalb deiner musikalischen Ausbildung so etwas wie einen Lehrer oder Unterricht?

HS: Es gab kein Studium in dem Sinne. Meine Mutter war Musiklehrerin und somit hat die Privatausbildung mit den üblichen Stationen schon relativ früh eingesetzt. Angefangen hat alles mit der Flöte, wie schon in „Fleisch ist mein Gemüse" beschrieben, dann kam die Geige und dann bin ich letztlich zu meiner eigentlichen Profession, nämlich der Beherrschung von Holzblasinstrumenten, wobei eine spezielle Begabung für Querflöte und Saxophon vorhanden war. Das habe ich dann auch ziemlich intensiv gemacht, d.h.: schon zu meiner Schulzeit bin ich vier Uhr morgens aufgestanden und habe Zwei Stunden vor der Schule geübt. Ich habe das alles also sehr ernst genommen. Das waren die ersten Voraussetzungen um überhaupt ein Studium zu beginnen. Das habe ich zwar nicht getan, aber mit Anfang 20 war ich schon auf einem solchen Stand.

I: Also war ein Besuch einer Musikhochschule schon angestrebt zu diesem Zeitpunkt?

HS: Ja. Das war der Plan. Der Plan in Ermangelung anderer Pläne. Mein Leben besticht durch eine gewisse Planlosigkeit bzw. Ideenlosigkeit. Es gab nicht so etwas wie eine Masteridee. Speziell die Jahre zwischen 20 und 30 waren von ganz schönem Rumgeeier gekennzeichnet.

I: Ok. Das kennt man irgendwie...

HS: Ja, ne?

I: Ja. Das erste Album „Spaß mit Heinz" entstand 1993 und enthält u.a. das Stück „Begrüßung", welches eine Adaption des Schlagers „Schöne Blumen bleiben nicht am Wege steh´n" von Chris Roberts enthält.

HS; Ja. Ist das von Chris Roberts? Weiß ich jetzt gar nicht, ob das wirklich so ist.

I: Ja. Das wäre meine Frage gewesen: Hast du diesen Schlager bewusst gewählt oder steht dieser als Stellvertreter generell für Schlagermusik im Allgemeinen? Ich habe die Verwandtschaft zu dem Titel von Chris Roberts durch eine Textsuche bei Google nachvollziehen können.

HS: Nein.

I: Ich frage, weil es in meiner Studie ja darum geht, warum die Musik speziell an dieser Stelle eingesetzt wurde und was für einen Effekt du damit erreichen wolltest.

HS: Das war ja meine erste Arbeit überhaupt im humoristischen Bereich und da gab es noch keine komplizierten Überlegungen, was man wie einsetzt um es später wieder leitmotivisch auftauchen zu lassen. Also das war einfach nach der Formel „Einfach-Drauf-Los" produziert.

I: Okay. Meine nächste Frage bezieht sich auf die Produktionsbedingungen deiner ersten Hörspiele. So weit ich weiß, hast du diese ja ausschließlich zu Hause bei dir konzipiert, aufgenommen und produziert.

HS: Ja. Das war damals noch mit einer Acht-Spur-Bandmaschine. Die Stimmeffekte habe ich überwiegend mit Pitchen gemacht.

I: Ja. Das hört man auch.

HS: Ja. Heute geht das viel einfacher. Im Logic[120] gibt es einen Pitch-Shifter und mit dem kann man dann alles machen. Damals war das noch eine enorme Erschwerung der Arbeitsmethode, aber Helge Schneiders Kurzhörspiele sind sogar nur mit einer Vier-Spur-Bandmaschine aufgenommen und bearbeitet worden. Helge Schneiders Hörspiele, also die Hörspiele 1 & 2, waren ja damals so ein bisschen mein Vorbild. Meine sind ja nicht nur vom Klang her, sondern auch von der humoristischen Grundierung her ähnlich.

---

[120] Logic ist eine Sequenzer-Software zum Aufnehmen und Bearbeiten von Audiomaterial. (vgl. Sitter 2005)

I: Ja, also diesen Vergleich findet man ja auch häufig in Rezensionen und Interviews wieder.

HS: Ja.

I: Es gibt einen Clip mit dem Namen „Schmerz". Mir ist gerade entfallen auf welcher Kurzhörspiel-Sammlung dieser enthalten ist, aber dort laufen Klassik-Samples im Hintergrund?

HS: Ja.

I: Sind diese Samples dann bewusst gewählt oder braucht es nur ein beliebiges Beispiel aus der Klassik um eben jenes Metier zu umschreiben und gleichsam zu persiflieren?

HS: Nein. Also beim Zahnarzt läuft ja meistens so Easy-Listening/Klassik. Man versucht ja so authentisch wie möglich derartige Szenarien nachzubauen und ich habe dieses Phänomen aufgegriffen. Manche sagen zwar es liefe gar nichts beim Zahnarzt, aber ich habe auch gegenteilige Erfahrungen gemacht.

I: Okay. Also wurde eine Situation minutiös genau nachempfunden um dann gewünschten komischen Effekt zu erzielen?

HS: Ja. Bei meinen Sachen geht es vor allem um Genauigkeit.

I: Dann gibt es ein weiteres Stück mit dem Titel „James Last", welcher im ersten Moment wie eine Huldigung an den Musiker und Bandleader anmutet. Für mein Verständnis handelt es sich aber doch um eine Parodie auf den Entertainer, da die vortragende Stimme so haspelig und stotternd spricht. Soll dies so ein bisschen die landläufige Meinung über die Wertschätzung von James Last persiflieren und zum Nachdenken über eingefahrene Meinungen anregen?

HS: Nein. Ich habe überhaupt nicht gegen James Last. Im Gegenteil: Er hat viel geleistet. Ob einem das jetzt musikalisch gefällt steht auf einem ganz anderen Blatt Papier. Man darf das Stück nicht so verstehen, als ob James Last jetzt der Schwerpunkt eine Parodie oder satirischen Attacke ist. Es geht vielmehr um *Jürgen Dose*. Und wenn man den Charakter *Jürgen Dose* kennt versteht man auch warum dieser James Last so mag. Das ist kontextuell zu sehen. Das Stück ist also komplett ohne jede Bösartigkeit, Zynismus oder auch nur Satire zu sehen.

Ich habe die Figur des *Jürgen Dose* auch weiterentwickelt und es wird wohl demnächst dazu einen Kinofilm geben. Dafür wurde ein Pilot für den WDR gedreht, der demnächst erscheinen wird. Wenn man also die Figur des *Jürgen Dose* verstanden hat versteht man auch warum der so über James Last redet. *Jürgen Dose* ist ähnlich wie *Dittsche* für Oliver Dietrich meine Lebensfigur.

I: Alles klar. Was für eine Intention gab es bei der Entstehung des Kurzhörspiels „Technogirlie"?

HS: Die gibt es nicht. Meine Intention generell sind einfach nur Gags: Also Gag, Gag, Gag, Gag. Speziell bei dieser losen Aneinanderreihung von Hörspielen. In diesen Hörspielsammlungen gibt es keinen Überbau. Den gibt es nur bei *Jürgen Dose*. Kennst du überhaupt *Tritschall im Kriechkeller*?

I: Ja. Dort gibt es ja einleitende und verbindende Kapitel.

HS: Ja, genau. Diese Hörspiele stehen unter der Prämisse, dass das Leben dieser Figur von Anfang bis zum Ende erklärt wird. Diese Arbeit empfinde ich im Übrigen als meine Gelungenste. Sie ist sogar noch besser als die literarische Arbeit.
Es gibt also bei den Hörspielen generell keine gesellschaftskritischen Absichten. Das wäre albern, speziell bei dem von dir angesprochenen Stück „Technogirlie". Es ist einfach nur lustig, dass das Lösungswort „Technogirlie" ist.

I: Ich dachte, das Stück stellt eine Art Parodie auf die Langeweile des Alters dar, wo sich ein Retnerehepaar an ihrem Lebensabend nur noch über moderne Entwicklungen aufregt und das Wort „Technogirlie" stellvertretend für eben jene nicht verstehbare Modernität steht, welche von der älteren Generation verhasst wird.

HS: So kann man es sicher auch sehen.

I: Okay. Dann komme ich jetzt zum Stück „Schokospiele mit Ursula". Handelt es sich hier um eine gewollte Adaption des Flippers-Schlagers „Die rote Sonne von Barbados"?

HS: Ja. Das ist einfach eine Schlager-Persiflage.

I: Also gab es keinen speziellen Grund für die Wahl dieses speziellen Stückes?

HS: Nein. Ich wollte nur auch mal in diesem Bereich Einen machen. Das glaube ich zumindest. Manche Stücke sind eben auch schon sehr alt, aber ich glaube meine Intention war einfach nur Gag, Gag, Gag.

I: Dann gibt es den „Jochen-Schmidt-Song", der, wie es im Kurzhörspiel selbst heißt, vom tschechischen Schlagersänger Karel Gott inspiriert ist. Ist der Song wirklich von Karel Gott inspiriert?

HS: Ja. Ähnlich wie bei „Schokospiele" ist die Melodie einem existierenden Schlager nachempfunden. „Singen, Tanzen, Lachen: Das war Babuschka!" oder so ähnlich geht der Text bei Karel Gott und ich habe diesen Text dann umgeschrieben auf diese Story mit dem schlampig arbeitenden Roadie, der dann diesen Bandleader Jochen Schmidt zum Verhängnis wird.

I: Diese Geschichte mit dem Tod des Bandleaders ist aber frei erfunden, oder?

HS. Ja, die ist frei erfunden.

I: Ist die Atmo des Stücks „Sterbeseminar" in einer Kirche aufgenommen worden?

HS: Ja. Ich habe mir damals die unglaubliche Mühe gemacht mit einem DAT-Recorder (das war Anfang der 90er der letzte Schrei) und einem unheimlich teuren Mikrofon loszuziehen und die meisten Atmosphären selbst aufzunehmen. Es gab ja damals schon die Möglichkeit, das über CD-Librarys zu machen, also sich selbige zu besorgen und dann die gewünschten Geräusche zu verwenden. Meine Erfahrung hat jedoch gezeigt, dass die selbst aufgenommenen Geräusche atmosphärisch dichter zu sein scheinen, auch wenn sie technisch schlechter bzw. minderwertiger sind.

I: Sie waren also in einem Gottesdienst und haben bewusst eine Trauerveranstaltung besucht, weil dort die entsprechende Musik erklingt?

HS: Ja genau. Was man zu solchen Anlässen halt so hört.
I: Was sind deine Pläne für die Zukunft?

HS: Ich möchte gerne wieder Musik machen. Nachdem ich mich nun jahrelang mit dem Bücherschreiben beschäftigt habe und das Musikmachen immer nur zwischen Tür und Angel stattfand möchte ich mich der „Heinz-Strunk-Musik" in Zukunft mit höherer Aufmerksamkeit widmen. Diese Musik soll auch abheben von den humoristischen Stücken, wie „Schokospiele" oder den „Jürgen-Dose-Songs."

I: Also soll sich diese Art von Musik schon von Stücken, wie beispielsweise „Fettbruch" unterscheiden.

HS: Also dieses Stück, welches ganz hübsch ist, stellt ja einen meiner ersten Gehversuche im musikalischen Metier dar und die Sachen die ich später, aber seit 2005 auch nicht mehr, gemacht habe, sind schon etwas abgefahrener.

I: Dazu würde meiner Meinung nach auch das Stück „AA-Fingers" gehören. Dies unterschiedet sich ja von den übrigen Pop-Songs durch seine fast klassische Besetzung mit Klavier und Streichern.

HS: Ja, „AA-Fingers" ist ein richtig kleines gelungenes Meisterwerk.

I: Und das hast du auch selbst geschrieben?

HS: Ja, das habe ich allein gemacht.

I: Man kann es sogar aus musikwissenschaftlicher Sicht, nämlich mit Hilfe einer funktionsharmonischen Analyse betrachten.

HS: Sogar das! Wusste ich gar nicht.

I: Erklingt im Stück „Essen und Erotik" ein ganz bestimmter Tenor um die Restaurant-Atmosphäre zu komplettieren?

HS: Bei diesem Stück kann ich mich erinnern, dass ich das Klappern der Gabeln und Messer selbst aufgenommen habe um die Situation so authentisch wie möglich nachzubauen. Sowieso ist die gesamte Atmo inklusive der Musik nachgebaut. Und das ist ja auch die Anforderung. Wenn es so klingt wie beim Dönerladen oder sonstwo ist es ja Quatsch.

I: Meine Abhandlung trägt den Untertitel: „Zwischen Sinnfreiheit und muskdramaturgischem Konstrukt" Wo würden sie die Rolle der Musik in ihren Kurzhörspielen selbst verorten? Also zu welchem Pol würden sie quasi tendieren?

HS: Also speziell bei „AA-Fingers" bin ich sehr stolz auf die Komposition. Es gibt aber auch andere Stücke, die sich auf *Trittschall im Kriechkeller* finden, welche einen gewissen Anspruch in sich tragen: Ob das jetzt „Das Licht ist nicht für mich" oder „Das Leben ist schwer" ist: Das sind alles sehr gelungene und für die damalige Zeit sehr gut produzierte Stücke. Besonders hervorzuheben ist dabei das Stück „Unsere Mission".

I: Das ist ein Stück über die Rettung von Menschen vor der Entwürdigung durch ihr Alter.

HS: Genau. Das Stück allein würde ja als Easy-Listening-Stück mit dieser Melodie (summt die Melodie), also instrumental, auch funktionieren. Aber in diesem Fall wird einfach nur drüber gesprochen.

I: Das ist ein schlagendes Beispiel für einen Spoken-Word-Track oder?

HS: Ja.

I: Dann lässt sich der bereits von dir erwähnte dramaturgische Überbau vielleicht doch eher im Spoken-Word-Bereich als in den eigentlichen Kurzhörspielen mit Musik finden?

HS: Teilweise. Zunächst einmal spreche ich über viele Stücke in erster Linie deshalb, weil ich keine zufriedenstellende oder gar schöne Singstimme habe. Ich bin also weit davon entfernt Sänger zu sein. Manchmal ist es auch einfach wirkungsmächtiger die Sachen zu sprechen. So macht es ja beispielsweise auch Kollege Jacques Palminger. Er hat das eben so kultiviert, dass das die passende Form dafür ist.

I: Um nochmal auf den Monolog „James Last" zurückzukommen: Hast du ihn denn mal getroffen?

HS: Nein.

I: In vielen älteren Stücken sind auch Background-Sängerinnen zu hören. Könntest du da sofort wieder Kontakte herstellen um etwaig geartete Stücke einzuspielen, gerade in Anbetracht deiner Zukunftspläne?

HS: Also diese Sachen sind ja jetzt schon 20 Jahre her und ich wüsste gar nicht mehr, wie ich die jetzt noch kontaktieren soll. Ich hatte damals für Stücke wie „Fettbruch" ein Trio zur Verfügung, die das ordentlich gemacht haben. Die ganzen 80er und 90er-Jahre-Sachen, die ich jetzt nochmal neu aufnehmen möchte mache ich alle mit einer sehr sehr guten Sängerin. Es wäre aber auch kein Problem noch andere zu finden. In diesem Bereich habe ich noch genug Kontakte. Und bezahlen könnte ich die auch. Das wäre kein Thema. Vor allem will ich mich wieder in das Musikmachen stürzen und wieder richtig in den Schreibprozess reinkommen. Gerade der Prozess des Songwritings fällt mir nicht eben gerade leicht, sondern ich muss mich hinsetzen und eine Weile überlegen. Das ist für mich das schwierigste im künstlerischen Schaffen: Das Erschaffen eines Werkes aus dem Nichts. Die Frickelei um eben jenes zu perfektionieren macht hingegen wieder sehr viel Spaß.

I: Meine letzte Frage bezieht sich auf den Clip „Die Alternative": Dort erklingt der Song „Smoke On The Water" von der Band *Deep Purple*. Gab es vielleicht hier einen speziellen Grund für die Auswahl von gerade diesem Song?

HS: Nein. Der Song steht stellvertretend generell für Rockmusik. Ich hätte auch ein Stück von ACDC nehmen können.

I: Danke für das Interview.

HS: Gerne.